GRAMMAIRE

DES PETITS ENFANTS,

ou

LES RÈGLES DE LA LANGUE FRANÇAISE,

mises à la portée des plus jeunes enfants, et de toutes les intelligences;

PAR

Mme O. CHEVALIER DESORMEAUX,

Professeur de Langue et de Littérature.

PREMIÈRE PARTIE

POUR LES ENFANTS DE QUATRE À SEPT ANS

PARIS
LIBRAIRIE DE L'ATHÉNÉE,
Rue Bonaparte, 80.

TOURNAI
LIBRAIRIE DE H. CASTERMAN,
Rue aux Rats, 14.

H. CASTERMAN
ÉDITEUR.

LA

GRAMMAIRE

DES PETITS ENFANTS.

LA
GRAMMAIRE

DES PETITS ENFANTS,

ou

LES RÈGLES DE LA LANGUE FRANÇAISE,

Mises à la portée des plus jeunes enfants, et de toutes les intelligences;

PAR

Mme O. CHEVALIER DESORMEAUX,

Professeur de Langue et de Littérature.

PREMIÈRE PARTIE:

POUR LES ENFANTS DE QUATRE A SEPT ANS.

PARIS

Librairie de P. Lethielleux,
RUE BONAPARTE, 66.

TOURNAI

Librairie de H. Casterman,
RUE AUX RATS, 11.

H. CASTERMAN

ÉDITEUR.

1859

PROPRIÉTÉ.

LA

GRAMMAIRE

EXPLIQUÉE AUX ENFANTS.

L'étude de la grammaire a toujours été pour vous, mes chers enfants, la source d'une infinité de peines et de punitions. Vos parents, qui ne veulent pas que vous restiez ignorants toute votre vie, sont parfois forcés de vous infliger des peines sévères, pour vous obliger à retenir des règles, qui, j'en conviens, ne sont pas agréables à apprendre, et qui se casent difficilement dans vos jeunes têtes ; et je suis sûre que vous préférez infiniment le plus simple *conte de fées*, à une demi-page de grammaire ; fût-ce une de nos grammaires les plus renommées.

Cependant la grammaire est une chose *indispensable*, et il vous faut absolument en connaître les règles, si vous ne voulez passer aux yeux des personnes qui vous entendent parler, pour des enfants sans éducation ; ce qui vous humilierait, j'en suis sûre, et chagrinerait fort vos bons parents.

D'après ce que je viens de vous dire, mes bons amis, vous voyez que la grammaire est une science qui vous apprend à parler convenablement, et à écrire *sans fautes*. Cette science est donc à la fois, utile et agréable ; utile en ce qu'elle donne tout de suite une bonne opinion de vous ; car, sachez-le, ce n'est pas à sa riche toilette seulement, qu'on reconnaît un enfant bien élevé, c'est à son langage correct ; elle est agréable, parce qu'elle vous procure l'avantage de faire des dictées sans fautes ; et de là découlent des récompenses et des compliments ; toutes choses que vous aimez, à ce que j'imagine.

Pour faciliter l'étude de notre langue, on a imaginé des règles auxquelles il faut se soumettre, et que vous devez toujours avoir présentes à l'esprit ; mais pour retenir ces règles, il est urgent de connaître les différentes *classes* de mots, et aussi les rapports que ces mots ont entre eux. On appelle ces classes de mots *parties du discours.*

Parmi les grammairiens (on appelle ainsi les Personnes qui s'occupent de la grammaire) il y en a qui en comptent *dix*, d'autres *cinq*, d'autres *sept*. Nous en compterons *neuf*; je crois que cette méthode vous sera la plus facile à retenir; ce seront :

Le substantif, l'adjectif, l'article, le verbe, le pronom, l'adverbe, la préposition, la conjonction, l'interjection.

Le Substantif.

Vous savez tous ce que c'est qu'un *nom* : les personnes qui vous entourent en ont chacune un, et vous ne pouvez rien demander de ce dont vous avez besoin sans en prononcer le nom ; car, *chaque chose a son nom*, dit le proverbe ; eh bien, ce nom, c'est un *substantif*. Bien entendu que vous pourrez dire indistinctement : *nom* ou *substantif*, puisque ces deux mots ont la même signification.

2. — Le premier mot que votre bouche enfantine a prononcé a été un *substantif*, car, *papa*, *maman*, *gâteau*, que votre bonne vous apprenait à dire sont des substantifs. Ainsi, donc tout ce que vous pourrez *voir*, *sentir*, *toucher*, *entendre*, *goûter*, sont des substantifs. Cela n'est pas bien difficile à retenir : tournez les yeux : vous ne verrez autour de vous que des substantifs. Le livre que vous tenez à la main ; la table sur laquelle vous êtes appuyé ; le tableau qui, pendant vos leçons, vous cause des distractions, ce sont des substantifs. Jules, Henri,

Cécile, Marie qui viennent quelquefois vous voir et partager vos jeux, ont des noms ; et ces noms sont des *substantifs*.

Je crois que vous avez parfaitement compris, et que, lorsqu'on vous offrira un gâteau vous accepterez avec plaisir, ce *substantif* comme récompense de votre application à vos devoirs.

Pour retenir ce que je viens de vous dire, mes bons amis, vous pourrez prendre un livre, n'importe lequel, et marquer légèrement avec un crayon, tous les substantifs qui pourront s'y rencontrer ; ce sera un exercice très-amusant, et en même temps, le plus utile que j'aie à vous recommander.

3. — Parmi les noms, il y en a qui n'appartiennent qu'à une seule personne, comme *Jules*, *Emile*, *Henriette*, *Sophie* : on les appelle *noms propres* ; et d'autres qui désignent une série, une espèce de gens ou de choses, comme *un ouvrier, un domestique, une table, un fauteuil;* ce sont des *noms communs*. Je crois qu'il n'est pas nécessaire de vous expliquer ceci plus longtemps, et que vous saurez maintenant, et pour toujours distinguer un substantif *commun,* d'un substantif *propre*. Du reste, il vous sera facile de reconnaître un substantif propre, au premier coup d'œil, lorsque vous saurez qu'il commence toujours par une lettre *Majuscule;* ainsi au lieu d'écrire *la france* , vous

devez écrire *la France* ; au lieu de *marie*, *Marie*, etc.

4. — C'est déjà beaucoup, mes chers élèves, de savoir reconnaître un nom au milieu de tous les mots qui concourent à former une phrase ; mais il faut encore savoir à quel genre et à quel nombre il appartient. Si vous voulez bien me prêter la même attention que tout à l'heure, je vais tâcher de vous expliquer ceci aussi clairement que possible.

5. — Les hommes, les petits garçons, les lions, les chats, etc., sont du genre *masculin*. Les femmes, les petites filles, les lionnes, les chattes, etc., sont du genre *féminin* : voilà qui est bien clair, n'est-ce pas ? Ainsi donc, vous aurez soin, en marquant vos substantifs sur le livre dont je vous ai parlé, de faire la petite ligne *au-dessus* du substantif *masculin* ; et si ce substantif est *féminin*, vous mettrez la petite ligne *dessous* ; si vous ne prenez pas cette précaution, il y aura de votre part, négligence ou mauvaise volonté ; car je ne doute pas que vous ne reconnaissiez un nom masculin partout où vous le rencontrerez. Il en sera de même des féminins, par la grande raison que : *tout ce qui n'est pas masculin est féminin.*

6. — Si je m'adressais à des enfants étrangers, c'est-à-dire : *Anglais, Allemands, Espa-*

gnols, etc , j'aurais une plus grande difficulté à leur faire comprendre ce que je vais vous dire ; mais à vous, c'est une toute autre chose. Vous savez fort bien que l'on ne dit pas : *un chaise, un fleur* , ni *une fauteuil, une fruit.* Donc toutes les choses *inanimées*, c'est-à-dire qui ne parlent pas, ne marchent pas, etc., ont leur genre aussi ; mais on n'a pas imaginé de règles pour reconnaître le genre de chacune, et l'habitude de vous servir des mots fait seule, que vous ne vous trompez jamais. Il ne faut donc pas rire des étrangers qui disent : *ma chapeau et mon canne;* car ils n'ont pu apprendre à donner à ces mots leur véritable genre, puisqu'il *n'y a pas de règles;* et que l'habitude seule, de parler notre langue , leur fera perdre ce défaut d'usage. Pour vous aider à reconnaître le genre d'un nom, vous saurez que devant celui qui est masculin, on met *le* ou *un* ; et que devant celui qui est féminin, on met *la* ou *une.* S'il se rencontrait par hasard un nom commun qui n'eût pas ce petit mot devant, vous essaieriez celui que vous pourrez mettre, et vous connaîtrez tout de suite quel est le genre de ce nom. Ainsi dans cette petite phrase : Permettez-moi, *maman*, de vous lire cette jolie histoire, vous voyez bien que le substantif *maman* est féminin, puisque vous pouvez dire : *la maman* ou *une maman ;* ou bien, *livre* que je

maudissais autrefois, combien je t'aime à présent, vous savez tout de suite que *livre* est un
nom masculin, puisque vous pouvez dire : *le livre*
ou *un livre*.

Ce serait vous faire une grande injure en
vous supposant bien inattentifs que de vous
entretenir plus longtemps sur ce sujet, mes bons
amis, et nous allons passer à d'autres explications, qui, je l'espère, ne vous paraîtront pas
moins claires, que celles que je vous ai déjà
données.

7. — On reconnaît qu'un substantif est au
pluriel, lorsqu'on voit une *s* à la fin, ainsi : *un
chat* est un substantif singulier, parce qu'il n'est
pas terminé par une *s; des chats* est un substantif pluriel, parce que vous voyez que j'ai mis
une *s* après le *t. Un lion, une robe, une boîte*,
sont du singulier ; *des lions, des robes, des boîtes*,
sont du pluriel ; voici qui est bien compris, et
vous sauriez maintenant distinguer parfaitement
le pluriel, du singulier , si le pluriel se marquait
toujours par une *s*. Il y a quelques petites
exceptions que je m'en vais vous expliquer, et
que vous apprendrez, j'en suis sûre, aussi rapi-
dement, que ce que je vous ai dit jusqu'ici.

8. — Il est évident que lorsqu'un substantif
est terminé au singulier par une *s*, il est inutile
d'en mettre une seconde. Ainsi, un *fils*, un

héros, ne changent pas au pluriel, et qu'on n'ira pas s'aviser d'écrire un *héross*, un *filss*, etc. Il en est de même pour ceux qui sont terminés au singulier par *x* et par *z*, auxquels on n'ajoute rien ; ainsi, au lieu d'écrire des *voixs*, des *nezs*, vous écrirez au pluriel, comme au singulier, *voix*, *nez*.

9. — Les substantifs terminés au singulier par *al*, comme *journal*, *animal*, se terminent au pluriel par *aux*. Vous ne direz donc pas des *journals*, mais des *journaux*, etc.; excepté, *bal*, *régal*, *carnaval*, *chacal*, *cal*, qui font au pluriel *bals*, *régals*, *carnavals*, *chacals*, *cals*, et non *baux*, *régaux*, etc.

10. — Les substantifs terminés au singulier par *au* comme *un tuyau*, ou par *eau* comme *un chapeau*, ou par *eu* comme *un cheveu*, prennent un *x* au lieu d'une *s* au pluriel, *des tuyaux*, *des chapeaux*, *des cheveux*.

Lorsque vous serez plus avancés dans l'étude de la grammaire, mes chers enfants, je vous montrerai un moyen très-facile de reconnaître lorsqu'un substantif est terminé par *a u*, ou quand il est terminé par *e a u*. Vous verrez que rien n'est plus aisé ; mais il faut encore attendre ; car vous me comprendrez beaucoup mieux lorsque vous saurez parfaitement ce qu'il me reste à vous apprendre.

11. — Si lorsqu'en faisant votre dictée, mes bons amis, vous rencontriez un substantif terminé au singulier par *ou*, comme *un cou, un sou*, vous seriez peut-être fort embarrassés; si je ne vous disais maintenant qu'il faut suivre la règle ordinaire, et écrire des *cous*, des *sous*, etc., excepté cependant *bijou, caillou, chou, genou, hibou, joujou*, et *pou*, qui prennent un *x*, au pluriel. Vous devez donc écrire : des *bijoux*, des *cailloux*, des *choux*, des *genoux*, des *hiboux*, des *joujoux*, des *poux*.

12. — J'ai encore une petite remarque à vous faire ; mais ce sera la dernière, et vous pourrez ensuite être sûrs de connaître parfaitement le pluriel des substantifs, c'est celle des substantifs terminés au singulier par *ail*, comme *éventail, portail*, etc., qui suivent, pour le pluriel, la règle ordinaire; c'est-à-dire qui prennent une *s*; excepté : *bail, émail, corail, vantail, soupirail, travail et vitrail*, qui font *baux, émaux, coraux, vantaux, soupiraux, travaux et vitraux*.

IIᵉ PARTIE DU DISCOURS.

L'Adjectif.

Je vous ai dit plus haut, mes chers élèves, que les premiers mots que vos bons parents vous ont appris à prononcer, ont été des substantifs. Les seconds ont assurément été des *adjectifs*. Lorsque, cherchant à échapper des bras de votre bonne, vous disiez dans votre langage enfantin : *béau cheval, belle fleur*, vous aviez déjà enrichi votre conversation d'un nouveau mot, et ce mot est un *adjectif*.

Puis, lorsqu'on vous disait : Viens ici, *cher petit*, ou : allez-vous-en, *méchant enfant*, vous compreniez parfaitement la différence qu'il y a entre ces deux adjectifs : *cher* et *méchant*.

13. — L'*adjectif* est donc un mot qui donne au nom, une qualité bonne ou mauvaise ; car il ne faut pas vous imaginer, que le mot *qualité*, ne signifie que ce qui est bon ou agréable; il y a de mauvaises qualités, comme il y en a de bonnes. Ainsi, lorsque vous dites: *Jules est sage, Jules* est le substantif; et *sage* est la qualité de

Jules; si vous dites *Jules est méchant, méchant.*
est la qualité de *Jules.* Donc, *méchant* et *sage,*
sont des adjectifs. Cela est bien facile à retenir,
n'est-ce pas? Eh bien, vous reprendrez le volume
où vous avez déjà marqué vos substantifs, et
vous y indiquerez également les adjectifs; seulement, pour ne point confondre les uns avec les
autres, vous mettrez deux petits points sur les
adjectifs. Si vous y apportez quelque peu d'attention, comme j'aime à le croire, pas un seul
adjectif n'échappera à votre recherche; et votre
chère maman vous en récompensera, j'en suis
certaine, en plaçant un adjectif à côté de votre
nom.

14. — Je n'ai pas besoin de vous dire que
les adjectifs ont, aussi bien que les substantifs,
leur genre et leur nombre. Il ne vous faudra
donc pas un grand effort de mémoire pour
retenir que l'adjectif est toujours du même
genre et du même nombre que le substantif qu'il
qualifie, c'est-à-dire, auquel il donne une qualité. Je crois qu'il ne vous arrive jamais de dire :
une belle jardin, un grand cour, un joli petit
demoiselle, une méchante petite garçon. Vous
voyez donc bien que l'adjectif est toujours du
même genre et du même nombre que son
substantif.

15. — Comme je me suis imposé la tâche

dans ce petit ouvrage, de ne vous donner que les explications strictement nécessaires pour parler et pour écrire purement notre langue, je voudrais bien pouvoir me dispenser de vous indiquer les exceptions à la règle que je viens de vous apprendre ; mais il est cependant urgent, de vous en dire quelques mots, que je tâcherai de rendre de la manière la plus courte et la plus claire, qu'il me sera possible.

16. — Ainsi que pour le substantif, il existe des exceptions, à la règle de la formation du genre et du nombre des adjectifs *qualificatifs*. Par exemple, les adjectifs terminés au masculin par *el, eil, en, et, on*, comme *confidentiel, vermeil, chrétien, muet, bon*, doublent la consonne finale avant l'*e* muet pour former le féminin ; ainsi, au lieu d'écrire *confidentiele*, vous écrirez *confidentielle* ; au lieu de *vermeile*, ce sera *vermeille* ; au lieu de *chrétiene, muete, bone*, ce sera *chrétienne, muette, bonne*. Pourtant *complet, concret, discret, inquiet, replet, secret*, ne doublent pas la consonne, et l'on écrira : *complète, concrète, discrète, inquiète, replète, secrète*, en mettant un accent grave (`) sur l'avant dernier *e*.

17. — Les adjectifs *bas, épais, exprès, gras, gros, las, profés, sot, gentil, nul, paysan*, forment leur féminin en doublant la consonne

finále : *basse, épaisse,* etc. *Public, caduc, turc, grec,* font *publique, caduque, turque, grecque.*

Il y a encore, mes bons amis, d'autres exceptions à la règle du genre des adjectifs ; mais je préfère vous les expliquer plus tard ; elles ne sont pas absolument nécessaires pour le moment, et vous n'avez qu'à écouter la conversation des personnes bien élevées, qui vous entourent pour être sûrs de ne faire aucune faute en parlant, ou en écrivant.

Le pluriel des adjectifs ne vous offrira pas une plus grande difficulté que le pluriel des substantifs.

Je vous ai déjà dit que tout adjectif s'accorde en genre et en nombre avec le substantif qu'il qualifie ; les exceptions à cette règle sont en petit nombre, et très-faciles à retenir ; les voici :

18. — Les adjectifs terminés au singulier par *s* ou *x* ne changent pas : un voile *épais,* un vase *creux ;* des voiles *épais,* des vases *creux.*

19. — Les adjectifs terminés en *al* font leur pluriel en *aux* : — *brutal, horizontal, médical,* etc. ; excepté *austral, amical, fatal, final, glacial, boréal, initial, jovial, natal, naval, pascal,* etc., qui prennent une *s* au pluriel.

20. — Les adjectifs terminés au singulier en *eau,* tels que *beau, nouveau,* prennent un *x* au pluriel.

21. — Il faut aussi que je vous dise ici, mes chers enfants, que le même substantif peut avoir plusieurs adjectifs pour le qualifier ; mais ces adjectifs se mettent toujours au singulier. Voici du reste une petite phrase pour vous éclaircir ce que je viens de vous dire : *L'Europe est petite, mais elle est belle, fertile, peuplée et civilisée.* Comptez les adjectifs de cette phrase, vous en trouverez cinq, pour un seul substantif *Europe.*

22. — Le même adjectif peut qualifier plusieurs substantifs : *La grammaire, la géographie, le calcul et l'histoire sont indispensables.* Vous voyez dans cette phrase quatre substantifs qui n'ont qu'un seul adjectif, alors cet adjectif se met au pluriel.

A présent que vous connaissez parfaitement l'adjectif qualificatif, mes bons amis, je puis vous dire qu'il y en a d'autres, et je ne doute pas que vous appreniez aussi facilement à les connaître que celui que je viens de vous expliquer.

23. — C'est déjà quelque chose que de savoir si une personne est aimable , ou si un objet est beau ; mais cette personne, ou cette chose peut encore avoir une autre propriété que celle d'être aimable, ou belle. Ainsi, si je dis : *mon livre est beau,* je donne à mon livre deux qualités, celle d'être *beau,* et celle d'être le *mien ; mon* est

donc un adjectif aussi, mais il se nomme *possessif*, parce qu'il marque la possession de la chose dont on parle. Dans les colléges et dans les pensions de demoiselles, on use un peu trop de cet adjectif : C'est *mon* livre d'images, c'est *ma* boîte à couleurs, dit-on souvent à un curieux ou à une indiscrète à qui l'on apprend ainsi à distinguer *l'adjectif possessif.*

Voici une petite liste des adjectifs possessifs ; vous ferez bien de l'apprendre par cœur, mes chers enfants, afin de l'avoir toujours présente à l'esprit. Je dois vous dire à ce sujet que quoique je sois l'ennemie des leçons *apprises par cœur,* il est certaines choses cependant, que je vous conseille d'apprendre de cette manière. Ce sera une petite peine de quelques minutes, qui vous en épargnera de plus grandes pour l'avenir. Voici ce que vous aurez à retenir :

SINGULIER.		PLURIEL.
masculin.	féminin.	des deux genres.
Mon,	*Ma,*	*Mes.*
Ton,	*Ta,*	*Tes.*
Son,	*Sa,*	*Ses.*
Notre,	*Notre,*	*Nos.*
Votre,	*Votre,*	*Vos.*
Leur,	*Leur,*	*Leurs.*

24. — Pour vous familiariser avec l'adjectif possessif, mes petits amis, prenez au hasard un substantif masculin singulier, et placez-le après l'adjectif possessif masculin singulier. Prenez *cahier*, par exemple, vous aurez alors :

Mon cahier,
Ton cahier, } s'il est à une seule personne.
Son cahier,

Notre cahier,
Votre cahier, } s'il est à plusieurs personnes.
Leur cahier,

Vous en ferez de même pour le féminin, puis pour les deux genres pluriels ; et lorsque vous aurez répété plusieurs fois ce petit exercice, vous reconnaîtrez partout où elle se rencontrera, cette 2e classe d'adjectifs.

25. — Maintenant que vous connaissez parfaitement les adjectifs possessifs, mes chers enfants, nous pouvons passer tout de suite aux adjectifs *démonstratifs*. Si vous voulez vous donner un moment la peine de réfléchir, il sera bien clair pour vous, que le mot *démonstratif* vient de *démontrer* ou *montrer*, c'est-à-dire, *désigner* une personne ou un objet. Si donc vous dites : Cher papa, veux-tu m'acheter ce joli cheval, vous désignez, vous montrez ce joujou, afin que l'envie que vous avez de le posséder

détermine votre papa à vous faire ce cadeau, et vous grillez d'envie de changer l'adjectif *démonstratif* en un adjectif *possessif*. Vous pouvez désigner de même une personne ou un objet hors de votre vue ; car si vous dites :

Bonne maman, irons-nous voir *cette* dame, qui est si aimable ? vous désignez alors une dame que votre grand'maman connaît ; et aussitôt que vous lui avez parlé de cette dame, elle a compris tout de suite ce que vous vouliez lui dire : *ce*, *cette*, sont des adjectifs *démonstratifs*. En voici la liste :

SINGULIER.		PLURIEL.
masculin.	féminin.	des deux genres.
Ce, *Cet*;	*Cette*,	*Ces*.

26. — On met *cet* au lieu de *ce* devant les substantifs masculins qui commencent par une voyelle. (Les voyelles sont *a*, *e*, *i*, *o*, *u*, *y*, les autres lettres sont des consonnes) ; ou une *h* muette. (Les *h* muettes sont celles qu'on ne fait point sentir en les prononçant.) Vous verrez indiquer par ce signe, ⟍ dans votre dictionnaire les *h* aspirées, c'est-à-dire, qui ne sont pas muettes. On met *ce* devant les substantifs masculins qui commencent par une consonne ou une *h* aspirée. On met *ces* devant le pluriel des deux genres, ou

met *cette* devant les substantifs féminins sans exception.

27. — Il y a encore les adjectifs *numéraux*, ce sont ceux qui indiquent, soit le nombre, vous les connaissez déjà ; ce sont : *un*, *deux*, *trois*, etc.; soit l'ordre, le rang, comme : *premier*, *second*, etc.

28. — Nous n'avons plus qu'une seule espèce d'adjectif à apprendre, mes jeunes amis; ce sont les adjectifs *indéfinis*, c'est-à-dire, ceux qui désignent les personnes, ou les choses d'une manière vague et indéfinie; tels que *chaque homme*, *nulle histoire*, *tout enfant*, etc.

29. — Le féminin de ces adjectifs se forme de la même manière, que celui des adjectifs qualificatifs : *tel* homme, *telle* femme, *nul* conte, *nulle* histoire, etc., etc.

30. — Le pluriel suit aussi la même règle que pour les adjectifs qualificatifs, c'est-à-dire, en ajoutant une *s*: ces *mêmes* raisons, *quelques* histoires, *toutes* les fois.

IIIᵉ PARTIE DU DISCOURS.

L'Article.

34. — L'*article*, mes chers enfants, est un mot, dont on pourrait très-bien se passer ; mais comme il a été définitivement adopté, nous ne pouvons faire autrement que de le connaître. L'étude n'en est, du reste, ni longue, ni très-compliquée. C'est lui qui sert à désigner de quel genre et de quel nombre est le substantif qu'il précède. Il y a l'article *simple,* et l'article *contracté ;* nous ne nous occuperons maintenant que de l'article simple. Je vous parlerai de l'autre, quand nous en serons à une autre partie du discours, qu'on nomme la *préposition.*

32. — Quand je dis *le jour : le* annonce que *jour* est masculin et singulier, donc *le* est un article masculin singulier ; *la nuit: la* annonce que *nuit* est féminin singulier, donc *la* est un article féminin singulier. Les articles simples sont *le, la* pour le singulier ; *les* pour le pluriel.

33. — Lorsque le substantif commence par une voyelle, ou une *h* muette, on supprime *e* ou *a* et on met à la place une apostrophe ; mais cela a lieu pour l'article singulier seulement.

34. — A présent, mes petits amis, il faut que je vous dise une chose : c'est que l'article ne peut jamais se rencontrer, sans avoir après lui, un substantif, ou un adjectif qualificatif et un substantif. Vous comprenez fort bien que vous ne sauriez dire *le* ou *la*, sans ajouter tout de suite un nom. Vous auriez l'air fort sots, si vous disiez : *donnez-moi le...* ou *donnez-moi la...* sans dire ce que vous désirez ; mais vous pourrez très-bien rencontrer des substantifs sans article. Quand vous dites : *Dieu est bon, maman sort, Marie chante. Dieu, maman,* et *Marie* sont des substantifs, et ne sont point précédés de l'article.

35. — Les substantifs peuvent quelquefois être précédés d'un adjectif, comme *ce bouquet, mon livre, une fleur* ; ainsi ne vous fiez donc pas à l'article pour reconnaître un substantif ; vous y seriez trompés plus d'une fois.

36. — On met l'article *les* devant tous les substantifs pluriels, qu'ils soient masculins, ou féminins : *les rubans, les roses.*

A présent, mes bons amis, vous pourrez déjà essayer de faire des *analyses* ; voilà un mot bien effrayant, n'est-ce pas ? mais lorsque je vous l'aurai expliqué, vous changerez d'opinion à son égard, et vous le comprendrez aussi bien, que je le comprends moi-même.

37. — Le mot *analyse* veut dire *décomposition*. Je vais tâcher de vous faire comprendre ce que c'est que la *composition* d'une chose, et sa *décomposition*.

38. — Lorsque votre maman, ou votre bonne vous met un joli pantalon brodé, une charmante blouse de velours, une collerette bien plissée ; qu'elle vous chausse vos jolies bottines, qui vous vont si bien ; elle *compose* votre parure, c'est-à-dire qu'elle emploie différents objets de toilette, pour faire de vous, un enfant agréable à voir ; et, pour peu que vous soyez soigneux, cette *composition* conservera tout son charme, jusqu'à l'heure de votre coucher. Alors elle *décompose*, ce qu'elle a pris tant de peine à composer: le joli chapeau est mis de côté, dans un carton ; la petite blouse artistement ployée, repose sur un fauteuil, avec le pantalon blanc, un peu frippé, mais qui cependant peut encore servir. La jolie cravate recouvre tout cela ; et les petites bottines trouvent aussi leur place. Cette *décomposition* s'appelle *analyse* de même que la *composition* prend en grammaire le nom de *synthèse*. L'analyse n'est donc que la *décomposition* d'une phrase.

Elle se fait ainsi :

LE BEAU LIVRE.

Le . . . . article, masculin singulier.
beau . . . adjectif, masculin singulier.
livre . . . substantif, masculin singulier.

LA FLEUR BLEUE.

La . . . . article, féminin singulier.
fleur . . . substantif, féminin singulier.
bleue . . . . adjectif, féminin singulier.

LES JOLIS BOUQUETS.

Les . . . . article, masculin pluriel.
jolis . . . . adjectif, masculin pluriel.
bouquets . . substantif, masculin pluriel.

LES ROSES ROUGES FANÉES.

Les . . . . article, féminin pluriel.
roses . . . substantif, féminin pluriel.
rouges . . . adjectif, féminin pluriel.
fanées . . . adjectif, féminin pluriel.

Vous voyez, mes bons amis, que cela n'est pas bien difficile à comprendre, et que vous pouvez, sans peine, décomposer de petites phrases, où il ne se rencontre que les trois espèces de mots que vous connaissez déjà. Il faudra maintenant, faire une *analyse* tous les jours. Je vais vous donner d'autres exemples, que vous pourrez analyser seuls.

La souris blanche, le grand jardin, le petit garçon, le joli jeu, ma petite sœur, ta bonne maman, cette vieille poupée, ce grand sabre, cette belle feuille verte..

Le méchant enfant, ce joli oiseau, une grande sœur, ta petite poupée, la chambre noire, la bonne petite Cécile, le vieux domestique, la jolie musique, le lit blanc, le petit chat gris, une gravure coloriée, une image dorée, l'histoire intéressante, ces jolies perles, ma belle robe bleue, mon grand chapeau rond, etc., etc.

IVᶜ PARTIE DU DISCOURS.

Le Verbe.

Les tout petits enfants font connaître leur pensée, sans employer les *verbes* : on les comprend , mais on rit de leur petit langage enfantin. Les sauvages négligent aussi de se servir de cette importante partie du discours ; pour vous, mes bons amis, qui n'êtes plus des *babies*, et qui vivez au milieu du monde civilisé, il faut absolument que vous les connaissiez. L'étude en est longue, et assez difficile ; c'est pourquoi, je vous engage à me prêter toute votre attention.

39. — Le *verbe* exprime que l'on est, ou que l'on fait quelque chose; si je dis: *Tu pleures*, j'exprime, j'affirme, que tu fais une action qui est de pleurer ; donc, *pleures* est un verbe. Si je dis, *Louise est malade* , j'exprime l'état de maladie de Louise : donc, *est* est un verbe.

40. — Dans les verbes, il faut distinguer : le *nombre*, la *personne*, et le *temps*.

41. — Vous connaissez déjà le *nombre*; vous savez que lorsqu'il ne s'agit que d'une seule

personne, ou d'une seule chose, c'est le singulier; et que lorsqu'il s'agit de plusieurs personnes ou de plusieurs choses, c'est le pluriel. Il est donc inutile que je vous l'explique de nouveau; si vous dites : *je dors*, vous savez que vous parlez au singulier; et si vous dites : *nous dormons,* vous parlez au pluriel.

42. — Il y a trois personnes, aussi bien pour le singulier que pour le pluriel. La première est celle qui parle. Ce n'est pas là une règle de politesse, mes chers amis ; et l'on ne doit jamais se nommer en premier ; mais la grammaire le veut ainsi. Je vous crois trop bien élevés, pour observer cette règle en société, surtout lorsqu'il s'agira de partager un gâteau, ou quelques friandises entre vos jeunes amis, et vous. La 2e est celle à qui l'on parle ; la 3e est celle de qui l'on parle.

J'ai demandé à maman, 1re personne.
Que tu vinsses avec moi, 2e personne.
Elle l'a permis, 3e personne.

Le pluriel a de même ses trois personnes :

Nous avons demandé, 1re personne.
Que vous vinssiez, 2e personne.
Ils l'ont permis, 3e personne.

43. — Le *temps* indique à quelle époque

s'est passée, se *passe* ou se *passera* la chose que vous voulez affirmer. Il y a trois *temps* : le *passé*, le *présent* et le *futur*.

44. — Le *passé* a rapport au temps déjà écoulé ; le *présent*, au temps qui s'écoule au moment où nous parlons ; le *futur*, au temps qui doit s'écouler plus tard ; ou comme on dit ordinairement, dans l'avenir.

45. — Il y a plusieurs espèces de temps pour exprimer ce qui s'est passé : un fait arrivé hier, ce matin, il y a une heure, est un fait accompli, passé ; mais comme vous le voyez, mes chers élèves, il peut être passé depuis plus ou moins de temps ; c'est pourquoi on emploie divers temps pour exprimer le passé. Ce sont : *l'imparfait*, le *passé défini*, le *passé indéfini*, le *passé antérieur*, le *plus-que-parfait*.

46. — Le *présent* n'a qu'un temps : c'est l'instant qui s'écoule au moment de la parole.

47. — Le *futur* a deux temps : le *futur* et le *futur passé*. Ce mot, mes chers amis, doit vous paraître une *contradiction*. En effet, ce qui est futur, ou à venir, ne peut être passé ; je conviens avec vous, que l'expression est mal choisie ; mais que voulez-vous ? elle est consacrée par l'usage. Il a cependant rapport à une chose passée, puisqu'il indique qu'une action se fera lorsqu'un autre fait sera accompli. On l'appelle aussi,

futur antérieur ; ce qui signifie la même chose.

48. — Indépendamment des temps, il faut que vous connaissiez aussi les *modes*. Il y a cinq modes : Le mode *indicatif*, le mode *conditionnel*, le mode *impératif*, le mode *subjonctif*, et le mode *infinitif*. Je vous ai répété chaque fois ce mot *mode* quoiqu'ordinairement on dise tout simplement l'*indicatif*, le *conditionnel*, etc., pour que vous compreniez bien, que l'on dit, *un mode*, et non *une mode*, qui est un mot tout différent, quoique s'écrivant de la même manière.

49. — Le mode *indicatif* renferme huit temps; ce sont : le *présent*, les cinq temps du *passé* que je viens de vous nommer, et les deux temps du *futur*.

50. — Le *conditionnel* renferme deux temps : le *présent* et le *passé*.

51. — L'*impératif* n'a qu'un temps.

52. — Le *subjonctif* en a quatre : le *présent*, l'*imparfait*, le *passé* et le *plus-que-parfait*.

53. L'*infinitif* en a deux : le *présent* et le *passé*.

Je vais maintenant, mes jeunes amis, vous donner en entier, le verbe *être*, qu'on appelle *verbe substantif*, et le verbe *avoir* que l'on nomme *auxiliaire*, lorsqu'il sert à en conjuguer un autre. Il est tout à fait *indispensable* que vous appreniez *par cœur* ces deux verbes. Vous ne devez pas mettre en doute cette absolue nécessité, puisque vous connaissez ma répugnance pour cette manière de retenir les leçons ; mais il vous serait, sans cela, impossible de faire des analyses ; car vous vous trouveriez arrêtés à chaque verbe qui se présenterait, et dont vous ne pourriez indiquer, ni le *temps,* ni le *mode,* ni la *personne.*

CONJUGAISON DU VERBE *ÊTRE.*

1ᵉʳ MODE. INDICATIF.

Présent.

Je suis.
Tu es.
Il *ou* elle est.
Nous sommes.
Vous êtes.
Ils *ou* elles sont.

Imparfait.

J'étais.
Tu étais.
Il *ou* elle était.
Nous étions.
Vous étiez.
Ils *ou* elles étaient.

Passé défini.

Je fus.
Tu fus.
Il *ou* elle fut.
Nous fûmes.
Vous fûtes.
Ils *ou* elles furent.

Passé indéfini.

J'ai été.
Tu as été.
Il *ou* elle a été.
Nous avons été.
Vous avez été.
Ils *ou* elles ont été.

Passé antérieur.

J'eus été.
Tu eus été.
Il *ou* elle eut été.
Nous eûmes été.
Vous eûtes été.
Ils *ou* elles eurent été.

Plus-que-parfait.

J'avais été.
Tu avais été.
Il *ou* elle avait été.
Nous avions été.
Vous aviez été.
Ils *ou* elles avaient été.

Futur.

Je serai.
Tu seras.
Il *ou* elle sera.
Nous serons.
Vous serez.
Ils *ou* elles seront.

Futur antérieur.

J'aurai été.
Tu auras été.
Il *ou* elle aura été.

Nous aurons été.
Vous aurez été.
Ils *ou* elles auront été.

II° MODE. CONDITIONNEL.

Présent.

Je serais.
Tu serais.
Il *ou* elle serait.
Nous serions.
Vous seriez.
Ils *ou* elles seraient.

Passé.

J'aurais été.
Tu aurais été.
Il *ou* elle aurait été.
Nous aurions été.
Vous auriez été.
Ils *ou* elles auraient été.

ON DIT AUSSI :

J'eusse été. Tu eusses été. Il ou *elle eût été. Nous eussions été. Vous eussiez été. Ils* ou *elles eussent été.*

IIIᵉ MODE. IMPÉRATIF.

Sois.
Soyons.
Soyez.

IVᵉ MODE. SUBJONCTIF.

Présent ou futur.

Que je sois.
Que tu sois.
Qu'il *ou* qu'elle soit.
Que nous soyons.
Que vous soyez.
Qu'ils *ou* qu'elles soient.

Imparfait.

Que je fusse.
Que tu fusses.
Qu'il *ou* qu'elle fût.
Que nous fussions.
Que vous fussiez.
Qu'ils *ou* qu'elles fussent.

Passé.

Que j'aie été.
Que tu aies été.

Qu'il *ou* qu'elle ait été.
Que nous ayons été:
Que vous ayez été.
Qu'ils *ou* qu'elles aient été.

Plus-que-parfait.

Que j'eusse été.
Que tu eusses été.
Qu'il *ou* qu'elle eût été.
Que nous eussions été.
Que vous eussiez été.
Qu'ils *ou* qu'elles eussent été.

Vᵉ MODE. INFINITIF.

Présent.

Être.

Passé.

Avoir été.

Participe présent.

Étant.

Participe passé.

Été, ayant été.

CONJUGAISON DU VERBE *AVOIR*.

1ᵉʳ MODE. INDICATIF.

Présent.

J'ai.
Tu as.
Il *ou* elle a.
Nous avons.
Vous avez.
Ils *ou* elles ont.

Imparfait.

J'avais.
Tu avais.
Il *ou* elle avait.
Nous avions.
Vous aviez.
Ils *ou* elles avaient.

Passé défini.

J'eus.
Tu eus.
Il *ou* elle eut.
Nous eûmes.
Vous eûtes.
Ils *ou* elles eurent.

Passé indéfini.

J'ai eu.
Tu as eu.
Il *ou* elle a eu.
Nous avons eu.
Vous avez eu.
Ils *ou* elles ont eu.

Passé antérieur.

J'eus eu.
Tu eus eu.
Il *ou* elle eut eu.
Nous eûmes eu.
Vous eûtes eu.
Ils *ou* elles eurent eu.

Plus-que-parfait.

J'avais eu.
Tu avais eu.
Il *ou* elle avait eu.
Nous avions eu.
Vous aviez eu.
Ils *ou* elles avaient eu.

Futur.

J'aurai.
Tu auras.
Il *ou* elle aura.
Nous aurons.
Vous aurez.
Ils *ou* elles auront.

Futur antérieur.

J'aurai eu.
Tu auras eu.
Il *ou* elle aura eu.
Nous aurons eu.
Vous aurez eu.
Ils *ou* elles auront eu.

IIe MODE. CONDITIONNEL.

Présent.

J'aurais.
Tu aurais.
Il *ou* elle aurait.
Nous aurions.
Vous auriez.
Ils *ou* elles auraient.

Passé.

J'aurais eu.

Tu aurais eu.
Il *ou* elle aurait eu.
Nous aurions eu.
Vous auriez eu.
Ils *ou* elles auraient eu.

ON DIT AUSSI :

J'eusse eu. Tu eusses eu. Il ou *elle eût eu. Nous eussions eu. Vous eussiez eu. Ils* ou *elles eussent eu.*

IIIe MODE. IMPÉRATIF.

Aie.
Ayons.
Ayez.

IVe MODE. SUBJONCTIF.

Présent ou *futur*.

Que j'aie.
Que tu aies.
Qu'il *ou* qu'elle ait.
Que nous ayons.
Que vous ayez.
Qu'ils *ou* qu'elles aient.

Imparfait.

Que j'eusse.
Que tu eusses.
Qu'il *ou* qu'elle eût.
Que nous eussions.
Que vous eussiez.
Qu'ils *ou* qu'elles eussent.

Passé.

Que j'aie eu.
Que tu aies eu.
Qu'il *ou* qu'elle ait eu.
Que nous ayons eu.
Que vous ayez eu.
Qu'ils *ou* qu'elles aient eu.

Plus-que-parfait.

Que j'eusse eu

Que tu eusses eu.
Qu'il *ou* qu'elle eût eu.
Que nous eussions eu.
Que vous eussiez eu.
Qu'ils *ou* qu'elles eussent eu.

Vᵉ MODE. INFINITIF.

Présent.

Avoir.

Passé.

Avoir eu.

Participe présent.

Ayant.

Participe passé.

Eu, eue, ayant eu.

PREMIÈRE CONJUGAISON EN *ER*.

1ᵉʳ MODE. INDICATIF.

Présent.

J'aim *e.*
Tu aim *es.*
Il aim *e.*
Nous aim *ons.*

Vous aim *ez.*
Ils aim *ent.*

Imparfait.

J'aim *ais.*
Tu aim *ais.*
Il aim *ait.*

Nous aim *ions*.
Vous aim *iez*.
Ils aim *aient*.

Passé défini.

J'aim *ai*.
Tu aim *as*.
Il aim *a*.
Nous aim *âmes*.
Vous aim *âtes*.
Ils aim *èrent*.

Passé indéfini.

J'ai aim *é*.
Tu as aim *é*.
Il a aim *é*.
Nous avons aim *é*.
Vous avez aim *é*.
Ils ont aim *é*.

Passé antérieur.

J'eus aim *é*.
Tu eus aim *é*
Il eut aim *é*.
Nous eûmes aim *é*.
Vous eûtes aim *é*.
Ils eurent aim *é*.

Plus-que-parfait.

J'avais aim *é*.
Tu avais aim *é*.
Il avait aim *é*.
Nous avions aim *é*.
Vous aviez aim *é*.
Ils avaient aim *é*.

Futur.

J'aim *erai*.
Tu aim *eras*.
Il aim *era*.
Nous aim *erons*.
Vous aim *erez*.
Ils aim *eront*.

Futur antérieur.

J'aurai aim *é*.
Tu auras aim *é*.
Il aura aim *é*.
Nous aurons aim *é*.
Vous aurez aim *é*.
Ils auront aim *é*.

IIᵉ MODE. CONDITIONNEL.

Présent.

J'aim *erais*.

Tu aim *erais*.
Il aim *erait*.
Nous aim *erions*.
Vous aim *eriez*.
Ils aim *eraient*.

Passé.

J'aurais aim *é*.
Tu aurais aim *é*.
Il aurait aim *é*.
Nous aurions aim *é*.
Vous auriez aim *é*.
Ils auraient aim *é*.

ON DIT AUSSI :

J'eusse aimé. Tu eusses aimé. Il eût aimé. Nous eussions aimé. Vous eussiez aimé. Ils eussent aimé.

III° MODE. IMPÉRATIF.

Aim *e*.
Aim *ons*.
Aim *ez*.

IV° MODE. SUBJONCTIF.

Présent ou *futur.*

Que j'aim *e*.
Que tu aim *es*.
Qu'il aim *e*.
Que nous aim *ions*.
Que vous aim *iez*.
Qu'ils aim *ent*.

Imparfait.

Que j'aim *asse*.
Que tu aim *asses*.
Qu'il aim *ât*.
Que nous aim *assions*.
Que vous aim *assiez*.
Qu'ils aim *assent*.

Passé.

Que j'aie aim *é*.
Que tu aies aim *é*.
Qu'il ait aim *é*.
Que nous ayons aim *é*.
Que vous ayez aim *é*.
Qu'ils aient aim *é*.

Plus-que-parfait.

Que j'eusse aim *é*.

Que tu eusses aim *é*.
Qu'il eût aim *é*.
Que nous eussions aim *é*.
Que vous eussiez aim *é*.
Qu'ils eussent aim *é*.

Vᵉ MODE. INFINITIF.

Présent.

Aim *er*:

Passé.

Avoir aim *é*.

Participe présent.

Aim *ant*.

Participe passé.

Aim *é*, aim *ée*, ayant aim *é*.

Conjuguez sur ce modèle : *adorer*, *apporter*, *estimer*, *danser*, *donner*, *habituer*, *travailler*, *trouver*, *visiter*, etc.

DEUXIÈME CONJUGAISON EN *IR*.

1ᵉʳ MODE. INDICATIF.

Présent.

Je fin *is*.
Tu fin *is*.
Il fin *it*.
Nous fin *issons*.
Vous fin *issez*.
Ils fin *issent*.

Imparfait.

Je fin *issais*.
Tu fin *issais*.
Il fin *issait*.
Nous fin *issions*.
Vous fin *issiez*.
Ils fin *issaient*.

Passé défini.

Je fin *is*.
Tu fin *is*.
Il fin *it*.
Nous fin *îmes*.
Vous fin *îtes*.
Ils fin *irent*.

Passé indéfini.

J'ai fin *i*.
Tu as fin *i*.
Il a fin *i*.
Nous avons fin *i*.
Vous avez fin *i*.
Ils ont fin *i*.

Passé antérieur.

J'eus fin *i*.
Tu eus fin *i*.
Il eut fin *i*.
Nous eûmes fin *i*.
Vous eûtes fin *i*.
Ils eurent fin *i*.

Plus-que-parfait.

J'avais fin *i*.
Tu avais fin *i*.
Il avait fin *i*.
Nous avions fin *i*.
Vous aviez fin *i*.
Ils avaient fin *i*.

Futur.

Je fin *irai*.
Tu fin *iras*.
Il fin *ira*.
Nous fin *irons*.
Vous fin *irez*.
Ils fin *iront*.

Futur antérieur.

J'aurai fin *i*.
Tu auras fin *i*.
Il aura fin *i*.
Nous aurons fin *i*.
Vous aurez fin *i*.
Ils auront fin *i*.

IIe MODE. CONDITIONNEL.

Présent.

Je fin *irais*.
Tu fin *irais*.
Il fin *irait*.
Nous fin *irions*.
Vous fin *iriez*.
Ils fin *iraient*.

Passé.

J'aurais fin *i*.
Tu aurais fin *i*.
Il aurait fin *i*.
Nous aurions fin *i*.
Vous auriez fin *i*.
Ils auraient fin *i*.

ON DIT AUSSI :

J'eusse fini. Tu eusses fini. Il eût fini. Nous eussions fini. Vous eussiez fini. Ils eussent fini.

IIIe MODE. IMPÉRATIF.

Fin *is*.
Fin *issons*.
Fin *issez*.

IVe MODE. SUBJONCTIF.

Présent ou *futur*.

Que je fin *isse*.
Que tu fin *isses*.
Qu'il fin *isse*.
Que nous fin *issions*.
Que vous fin *issiez*.
Qu'ils fin *issent*.

Imparfait.

Que je fin *isse*.
Que tu fin *isses*.
Qu'il fin *ît*.
Que nous fin *issions*.
Que vous fin *issiez*.
Qu'ils fin *issent*.

Passé.

Que j'aie fin *i*.
Que tu aies fin *i*.
Qu'il ait fin *i*.
Que nous ayons fin *i*.
Que vous ayez fin *i*.
Qu'ils aient fin *i*.

Plus-que-parfait.

Que j'eusse fin *i*.
Que tu eusses fin *i*.
Qu'il eût fin *i*.
Que nous eussions fin *i*.
Que vous eussiez fin *i*.
Qu'ils eussent fin *i*.

Ve MODE. INFINITIF.

Présent.

Fin *ir*.

Passé.

Avoir fin *i*.

Participe présent.

Fin *issant*.

Participe passé.

Fin *i*, fin *ie*, ayant fin *i*.

Conjuguez sur ce modèle : *accomplir, adoucir, avertir, bannir, embellir, ensevelir, maigrir, polir, obéir, punir, remplir, trahir,* etc.

TROISIÈME CONJUGAISON EN *OIR*.

1er MODE. INDICATIF.

Présent.

Je reç *ois.*
Tu reç *ois.*
Il reç *oit.*
Nous rec *evons.*
Vous rec *evez.*
Ils reç *oivent.*

Imparfait.

Je rec *evais.*
Tu rec *evais.*
Il rec *evait.*
Nous rec *evions.*
Vous rec *eviez.*
Ils rec *evaient.*

Passé défini.

Je reç *us.*
Tu reç *us.*
Il reç *ut.*

Nous reç *ûmes.*
Vous reç *ûtes.*
Ils reç *urent.*

Passé indéfini.

J'ai reç *u.*
Tu as reç *u.*
Il a reç *u.*
Nous avons reç *u.*
Vous avez reç *u.*
Ils ont reç *u.*

Passé antérieur.

J'eus reç *u.*
Tu eus reç *u.*
Ils eut reç *u.*
Nous eûmes reç *u.*
Vous eûtes reç *u.*
Ils eurent reç *u.*

Plus-que-parfait.

J'avais reç *u.*

Tu avais reç *u*.
Il avait reç *u*.
Nous avions reç *u*.
Vous aviez reç *u*.
Ils avaient reç *u*.

Futur.

Je rec *evrai*.
Tu rec *evras*.
Il rec *evra*.
Nous rec *evrons*.
Vous rec *evrez*.
Ils rec *evront*.

Futur antérieur.

J'aurai reç *u*.
Tu auras reç *u*.
Il aura reç *u*.
Nous aurons reç *u*.
Vous aurez reç *u*.
Ils auront reç *u*.

II° MODE. CONDITIONNEL.

Présent.

Je rec *evrais*.
Tu rec *evrais*.
Il rec *evrait*.
Nous rec *evrions*.

Vous rec *evriez*.
Ils rec *evraient*.

Passé.

J'aurais reç *u*.
Tu aurais reç *u*.
Il aurait reç *u*.
Nous aurions reç *u*.
Vous auriez reç *u*.
Ils auraient reç *u*.

ON DIT AUSSI :

J'eusse reçu. Tu eusses reçu. Il eût reçu. Nous eussions reçu. Vous eussiez reçu. Ils eussent reçu.

III° MODE. IMPÉRATIF.

Présent ou *futur*.

Reç *ois*.
Rec *evons*.
Rec *evez*.

IV° MODE. SUBJONCTIF.

Présent ou *futur*.

Que je reç *oive*.
Que tu reç *oives*.

Qu'il reç *oive*.
Que nous rec *evions*.
Que vous rec *eviez*.
Qu'ils reç *oivent*.

Imparfait.

Que je reç *usse*.
Que tu reç *usses*.
Qu'il reç *ût*.
Que nous reç *ussions*.
Que vous reç *ussiez*.
Qu'ils reç *ussent*.

Passé.

Que j'aie reç *u*.
Que tu aies reç *u*.
Qu'il ait reç *u*.
Que nous ayons reç *u*.
Que vous ayez reç *u*.
Qu'ils aient reç *u*.

Plus-que-parfait.

Que j'eusse reç *u*.
Que tu eusses reç *u*.
Qu'il eût reç *u*.
Que nous eussions reç *u*.
Que vous eussiez reç *u*.
Qu'ils eussent reç *u*.

Vᵉ MODE. INFINITIF.

Présent.

Rec *evoir*.

Passé.

Avoir reç *u*.

Participe présent.

Rec *evant*.

Participe passé.

Reç *u*, reç *ue*, ayant reç *u*.

Conjuguez sur ce modèle tous les verbes terminés en *evoir* au présent de l'infinitif : *apercevoir, concevoir, devoir, percevoir*, etc.

QUATRIÈME CONJUGAISON EN *RE*.

1ᵉʳ MODE. INDICATIF.

Présent.

Je rend *s*.
Tu rend *s*.
Il rend.
Nous rend *ons*.
Vous rend *ez*.
Ils rend *ent*.

Imparfait.

Je rend *ais*.
Tu rend *ais*.
Il rend *ait*.
Nous rend *ions*.
Vous rend *iez*.
Ils rend *aient*.

Passé défini.

Je rend *is*.
Tu rend *is*.
Il rend *it*.
Nous rend *îmes*.
Vous rend *îtes*.
Ils rend *irent*.

Passé indéfini.

J'ai rend *u*.
Tu as rend *u*.
Il a rend *u*.
Nous avons rend *u*.
Vous avez rend *u*.
Ils ont rend *u*.

Passé antérieur.

J'eus rend *u*.
Tu eus rend *u*.
Il eut rend *u*.
Nous eûmes rend *u*.
Vous eûtes rend *u*.
Ils eurent rend *u*.

Plus-que-parfait.

J'avais rend *u*.
Tu avais rend *u*.
Il avait rend *u*.
Nous avions rend *u*.
Vous aviez rend *u*.
Ils avaient rend *u*.

Futur.

Je rend *rai.*
Tu rend *ras.*
Il rend *ra.*
Nous rend *rons.*
Vous rend *rez.*
Ils rend *ront.*

Futur passé.

J'aurai rend *u.*
Tu auras rend *u.*
Il aura rend *u.*
Nous aurons rend *u.*
Vous aurez rend *u.*
Ils auront rend *u.*

IIe MODE. CONDITIONNEL.

Présent.

Je rend *rais.*
Tu rend *rais.*
Il rend *rait.*
Nous rend *rions.*
Vous rend *riez.*
Ils rend *raient.*

Passé.

J'aurais rend *u.*
Tu aurais rend *u.*

Il aurait rend *u.*
Nous aurions rend *u*
Vous auriez rend *u.*
Ils auraient rend *u.*

ON DIT AUSSI :

J'eusse rendu. Tu eusses rendu. Il eût rendu. Nous eussions rendu. Vous eussiez rendu. Ils eussent rendu.

IIIe MODE. IMPÉRATIF

Rend *s.*
Rend *ons.*
Rend *ez.*

IVe MODE. SUBJONCTIF.

Présent ou *futur.*

Que je rend *e.*
Que tu rend *es.*
Qu'il rend *e.*
Que nous rend *ions.*
Que vous rend *iez.*
Qu'ils rend *ent.*

Imparfait.

Que je rend *isse*.
Que tu rend *isses*.
Qu'il rend *ît*.
Que nous rend *issions*.
Que vous rend *issiez*.
Qu'ils rend *issent*.

Passé.

Que j'aie rend *u*.
Que tu aies rend *u*.
Qu'il ait rend *u*.
Que nous ayons rend *u*.
Que vous ayez rend *u*.
Qu'ils aient rend *u*.

Plus-que-parfait.

Que j'eusse rend *u*.

Que tu eusses rend *u*.
Qu'il eût rend *u*.
Que nous eussions rend *u*.
Que vous eussiez rend *u*.
Qu'ils eussent rend *u*.

Ve MODE. INFINITIF.

Présent.

Rend *re*.

Passé.

Avoir rend *u*.

Participe présent.

Rend *ant*.

Participe passé.

Rend*u*. rend*ue*, ayant rend*u*.

Conjuguez sur ce modèle : *défendre, étendre, mordre, perdre, répondre, tondre,* etc.

VERBE CONJUGUÉ SOUS LA FORME INTERROGATIVE.

INDICATIF.

Présent.

Aimé-je ?
Aimes-tu ?
Aime-t-il ?
Aimons-nous ?
Aimez-vous ?
Aiment-ils ?

Imparfait.

Aimais-je ?
Aimais-tu ?
Aimait-il ?
Aimions-nous ?
Aimiez-vous ?
Aimaient-ils ?

Passé défini.

Aimai-je ?
Aimas-tu ?
Aima-t-il ?
Aimâmes- nous ?
Aimâtes-vous ?
Aimèrent-ils ?

Passé indéfini.

Ai-je aimé ?
As-tu aimé ?
A-t-il aimé ?
Avons-nous aimé ?
Avez-vous aimé ?
Ont-ils aimé ?

Passé antérieur.

Eus-je aimé ?
Eus-tu aimé ?
Eut-il aimé ?
Eûmes- nous aimé ?
Eûtes-vous aimé ?
Eurent-ils aimé ?

Plus-que-parfait.

Avais-je aimé ?
Avais-tu aimé ?
Avait-il aimé ?
Avions- nous aimé ?
Aviez-vous aimé ?
Avaient-ils aimé ?

Futur.

Aimerai-je ?
Aimeras-tu ?
Aimera-t-il ?
Aimerons-nous ?
Aimerez-vous ?
Aimeront-ils ?

Futur antérieur.

Aurai-je aimé ?
Auras-tu aimé ?
Aura-t-il aimé ?
Aurons-nous aimé ?
Aurez-vous aimé ?
Auront-ils aimé ?

CONDITIONNEL.

Présent.

Aimerais-je ?
Aimerais-tu ?

Aimerait-il ?
Aimerions-nous ?
Aimeriez-vous ?
Aimeraient-ils ?

Passé.

Aurais-je aimé ?
Aurais-tu aimé ?
Aurait-il aimé ?
Aurions-nous aimé ?
Auriez-vous aimé ?
Auraient-ils aimé ?

ON DIT AUSSI :

Eussé-je aimé? Eusses-tu aimé? Eût-il aimé? Eussions-nous aimé? Eussiez-vous aimé? Eussent-ils aimé?

54. — Vous voyez que j'ai joint au verbe *être*, et au verbe *avoir*, quatre verbes qui servent de modèle pour conjuguer tous les autres, et un, pour conjuguer interrogativement. Ce dernier ne s'emploie que jusqu'au *conditionnel* inclusivement. Je crois inutile de vous dire que

conjuguer un verbe, c'est le lire, l'écrire ou le réciter tout entier.

55. — Il y a quatre *conjugaisons :*

La première a l'infinitif terminé en *er*, comme *aimer ;*

La deuxième en *ir*, comme *finir ;*

La troisième en *oir*, comme *recevoir ;*

La quatrième en *re*, comme *rendre.*

Ces quatre conjugaisons vous aident à conjuguer tous les verbes. Par exemple, si l'on vous prie de conjuguer le verbe *danser*, vous cherchez le verbe *aimer*, et vous conjuguez l'un sur l'autre ; le verbe *polir*, sur *finir ;* et ainsi de suite, en ayant toujours soin de regarder les dernières lettres du mot ; ce qui s'appelle la *terminaison.*

56. — Les grammairiens (je vous ai déjà expliqué ce mot), reconnaissent *cinq* sortes de verbes. Il vous suffira, pour le présent, d'en connaître *deux :* Le verbe *actif*, que quelques personnes nomment *transitif*, et le verbe *neutre* qu'elles appellent *intransitif.*

57. — Le verbe *actif* est celui après lequel on peut mettre *quelqu'un* ou *quelque chose :* Ainsi *chanter* est un verbe actif, parce qu'on peut dire *chanter une chanson ; aimer* est un verbe actif, parce qu'on peut dire *aimer sa sœur ;* mais *plaire* est un verbe neutre, parce

qu'on ne peut pas dire *plaire quelqu'un*, mais *plaire à quelqu'un.*

Je vais vous donner ici quelques verbes tant actifs que neutres, et vous ferez comme vous avez déjà fait pour les autres parties du discours ; vous soulignerez (je vous ai expliqué ce mot) les verbes *actifs.*

Secouer, pleurer, manger, sangloter, sentir, chérir, gémir, crier, battre, naître, languir, croire, espérer, etc.

Le vieux livre dont vous vous êtes déjà servi pour marquer vos substantifs et vos adjectifs, vous sera encore d'une grande utilité ; car il renferme, j'en suis sûre, une grande quantité de verbes actifs, et je vous prie de vous mettre immédiatement à leur recherche et de les marquer à mesure que vous les découvrirez. Ceci est plutôt un jeu qu'une leçon ; mais c'est un jeu instructif, et vous me saurez gré un jour de vous l'avoir enseigné.

Il me resterait encore beaucoup de choses à vous dire sur les verbes ; comme je veux que vous compreniez bien tout ce que je vous explique, je préfère que nous en restions là, me réservant de revenir sur ce sujet, lorsque le moment en sera venu.

RÈGLES DU PARTICIPE PASSÉ.

58. — Vous verrez dans plusieurs grammaires, mes chers amis, que l'on a fait du *participe passé* une partie du discours. Je crois que nous ferons bien de ne le considérer que comme un *temps* du verbe, et vous verrez qu'avec un peu d'attention, ce temps ne vous offrira pas une plus grande difficulté que les autres.

Il faut d'abord que je vous dise que tous les verbes ont un *sujet*, et je vais vous expliquer ce que c'est que le *sujet* d'un verbe.

59. — Je suppose, que plusieurs enfants se soient réunis pour jouer chez l'un d'eux et que la maman, confiante dans la sagesse et la retenue que l'on suppose toujours aux enfants bien nés, les ait laissés seuls dans une chambre. Tout à coup une balle lancée maladroitement brise une glace ; aussitôt tout le monde s'arrête, et chacun se regarde en disant : Qui a fait cela ? L'imprudent auteur de l'accident, le petit Ernest, devient tout rouge ; une larme brille à ses yeux, et au moment où la maman, attirée par le fracas, entre dans l'appartement ; aussitôt, dis-je, s'il est généreux, il s'avance vers elle et lui dit : c'est moi qui ai cassé la glace ; on pardonne toujours à l'enfant qui s'accuse si loyalement ;

c'est ce qui arrivera sans doute cette fois encore, mais, *une glace a été cassée*, voilà l'*action*. C'est *Ernest* qui a eu ce malheur. voilà le *sujet*. Le *sujet* est donc celui qui fait l'action qu'exprime le verbe. Si, par exemple, *Marie a pleuré* dans la crainte qu'Ernest fût puni. Qui est-ce qui a pleuré? c'est *Marie*; *Marie* est encore le sujet du verbe *pleurer*. *La maman a pardonné, maman* est également sujet du verbe *pardonner*. J'espère que vous comprenez bien que le sujet d'un verbe est celui qui fait l'action que le verbe exprime.

60. — Le *régime* d'un verbe est le mot représentant la personne ou la chose qui est faite, qui a été faite, ou qui se fera par le sujet. *Emile a battu son chien, Emile* est le sujet, parce que c'est lui qui a fait l'action de battre ; mais son chien a souffert l'action d'être battu ; donc *chien* est le régime. *Julie sait sa leçon, Julie* est le sujet ; *leçon* est le régime. *Maman a grondé Sophie, maman* est le sujet ; *Sophie* est le régime.

Maintenant que vous savez parfaitement reconnaître le sujet et le régime d'un verbe, je vais vous expliquer les deux principales règles du *participe passé*, ce que je n'aurais pas pu faire sans cela.

61. — Le participe passé accompagné du verbe *être*, s'accorde (c'est-à-dire qu'il en prend

le genre et le nombre) avec son *sujet*. Si je dis :
Louise a été mordue, *Louise* est le sujet ; le participe passé *mordue* accompagné du verbe *être*
doit donc être féminin singulier, puisque le sujet
Louise est féminin singulier. Si je dis : *Les trou-*
pes sont entrées dans la ville, *entrées* qui est un
participe doit s'accorder avec son sujet *troupes*
qui est féminin pluriel.

62. — Le participe accompagné du verbe
avoir s'accorde avec son *régime direct*, lorsque
ce régime est placé avant le verbe, et reste invariable, si le régime est placé après : *La poire*
que Pierre a mangée, nous ne nous occupons
pas du sujet qui est *Pierre* ; mais comme le participe est accompagné du verbe *avoir*, nous
regardons tout de suite son régime qui est
poire, et puisqu'il est placé avant le participe
mangée, nous le faisons accorder ; mais si je dis
Pierre a mangé la poire, le régime *poire* étant
placé après, il ne peut y avoir accord.

J'aurais encore bien des choses à vous dire,
mes chers enfants, sur le participe passé ; mais
j'y reviendrai une autre fois ; je ne veux pas que
vous vous chargiez la tête d'une foule de règles,
que vous ne comprendriez peut-être pas maintenant, mais que je vous expliquerai dans une
autre partie de cette grammaire.

MODÈLE D'ANALYSE :

Il sort. Elle a parlé. Il est sorti. Il reviendra. Nous pouvons. Soyons sages. Ecoutez votre maman. Le chat joue. Le serin chante. La fleur est bleue. Le mouchoir est blanc. Mon bouquet est joli. Thérèse sera sage. Le joli petit mouton blanc court; il broute, il saute, il gambade.

Ve PARTIE DU DISCOURS.

Le Pronom.

63. — J'ai connu un tout petit garçon très-gentil, mais qui avait adopté une manière de s'exprimer, extrêmement fatigante pour tous ceux qui l'écoutaient parler. Ainsi, quand il voulait obtenir quelque chose de sa bonne, il disait : PAUL (il s'appelait *Paul*) *a faim ;* PAUL *désire manger ;* PAUL *demande des confitures ;* PAUL *ne veut plus jouer, parce que* PAUL *est fatigué.* On comprenait fort bien ce qu'il voulait dire ; mais cela impatientait ; et son frère aîné se moquait de lui, lorsqu'il disait : MAMAN *est sortie ; quand* MAMAN *rentrera,* MAMAN *rapportera un joli cheval à Paul.*

Si ce petit garçon avait su ce que c'est qu'un *pronom,* il n'aurait pas tant de fois répété le même *substantif.* Il aurait dit : *j'ai faim,* JE *désire manger ;* JE *demande des confitures ;* JE *ne veux plus jouer, parce que* JE *suis fatigué.* Il aurait dit également : MAMAN *est sortie ; quand* ELLE *rentrera,* ELLE ME *rapportera un joli cheval.*

64. — Vous avez déjà deviné, mes chers

amis, que ces petits mots dont je me suis servi pour remplacer les substantifs *Paul* et *maman* et pour en éviter la répétition, sont des *pronoms*. Sans eux tout le monde parlerait comme le petit Paul, et ce serait fort désagréable à entendre. Ainsi quand je dis : *La reine connaissait une bonne fée* ; ELLE L'*appela, et* ELLE LA *pria de protéger la petite princesse* ; j'ai mis le pronom *elle* pour éviter de répéter le substantif *reine*, et le pronom *la* pour représenter le substantif *fée*.

65. — Le pronom doit toujours être du même genre et du même nombre que le substantif qu'il représente ; si je dis : *Jules est malade,* IL *souffre beaucoup* ; *il* est masculin et singulier, parce que *Jules* est masculin et singulier ; *Louise écrit,* ELLE *fait une analyse* ; *elle* est féminin et singulier, parce que *Louise* est féminin et singulier. Il n'est pas besoin, je suppose, de vous donner d'autres exemples, pour vous faire comprendre ceci, et vous avez déjà, depuis que nous causons ensemble, retenu des choses bien plus difficiles que celle-là.

66. — Il y a différentes sortes de pronoms, ceux que nous venons d'étudier sont les pronoms *personnels*. En voici la liste :

SINGULIER.

masculin.	féminin.

Je, moi, me,   *Je, ma, me ;*
Tu, toi, te,   *Tu, toi, te ;*
Il, le,   *Elle, la ;*
Lui, le,   *Lui, la.*

PLURIEL.

masculin.	féminin.

Nous,   *Nous ;*
Vous,   *Vous ;*
Ils, eux, les,   *Elles, les.*

67. — Il ne faut pas, mes bons amis, confondre les pronoms *le, la, les,* avec les articles *le, la, les*. Les pronoms sont toujours joints aux verbes : *Je* LA *vois, je* LES *écoute* ; et les articles sont devant les substantifs seulement : LE *roi,* LA *reine,* LES *princes.*

68. — Les pronoms personnels sont toujours joints aux verbes soit avant : JE *lis,* TU *bois,* IL *sort,* ELLE *joue,* NOUS *rions,* VOUS *chantez,* ILS *entrent,* ELLES *partent* ; ou après, lorsqu'il s'agit d'interroger quelqu'un : *Brodez-*VOUS? *Sort-*IL?

69. — Quand vous ferez votre analyse, il faudra, mes bons amis, avoir le soin d'indiquer le *genre,* le *nombre* et la *personne* du pronom.

Vous savez déjà que *je* est de la première personne, *tu* de la seconde, et *il* ou *elle* de la troisième. *Lui* est de la troisième personne singulière, et *eux* de la troisième personne plurielle.

70. — Nous allons maintenant, mes chers élèves, passer au pronom *possessif*, c'est-à-dire qui marque la possession de la personne ou de l'objet dont on parle. Ce sont :

SINGULIER.

masculin.	féminin.
Le mien.	*La mienne;*
Le tien,	*La tienne;*
Le sien,	*La sienne;*
Le nôtre,	*La nôtre;*
Le vôtre,	*La vôtre;*
Le leur,	*La leur.*

PLURIEL.

masculin.	féminin.
Les miens,	*Les miennes;*
Les tiens,	*Les tiennes;*
Les siens,	*Les siennes;*
Les nôtres,	*Les nôtres;*
Les vôtres,	*Les vôtres;*
Les leurs,	*Les leurs.*

71. — Il est bon que vous appreniez tout de

suite, mes chers enfants, à distinguer le pronom possessif de l'adjectif possessif. Ce dernier précéde toujours le substantif; il ne peut pas le remplacer et par conséquent être employé seul. Il est évident, n'est-ce pas? que vous ne pouvez pas dire : *mon…. ma…..* sans mettre le *nom* de la personne ou de la chose que vous voulez désigner, tandis que vous pouvez dire : *le mien, la mienne,* sans faire suivre ce pronom d'aucun substantif. Ce serait même une grande faute que de le faire.

72. — Si vous dites : *Prête-moi* TA *plume, j'ai perdu* LA MIENNE, vous n'avez pas besoin de répéter le substantif *plume,* le pronom suffit pour le remplacer. Ainsi *ta* est un adjectif possessif, et *la mienne* est un pronom possessif.

PRONOMS DÉMONSTRATIFS.

73. — Le pronom *démonstratif* représente le substantif, en désignant d'une manière particulière et démontrative les objets dont on parle. Ce sont :

SINGULIER.

masculin.	féminin.
Ce, celui,	Celle ;
Celui-ci,	Celle-ci ;
Celui-là,	Celle-là.

PLURIEL.

masculin.	féminin.
Ceux,	*Celles ;*
Ceux-ci,	*Celles-ci ;*
Ceux-là,	*Celles-là.*

DES DEUX GENRES :

Ceci,   *Cela.*

74. — Vous seriez parfois fort embarrassés, mes jeunes amis, lorsqu'il faudrait dans une analyse distinguer *ce,* pronom démonstratif, de *ce,* adjectif démonstratif, si je ne vous disais que *ce* pronom est toujours joint à un verbe : CE *sont les arts qui embellissent la vie ;* et que *ce,* adjectif démonstratif, est toujours devant un nom : CE *devoir est bientôt fini.*

75. — Les pronoms *relatifs* donnent une idée de relation avec le nom ou le pronom qui précède. (Vous savez que *précéder,* c'est être avant quelqu'un ou quelque chose,) Ces pronoms sont :

Qui, que, quoi, dont, lequel, laquelle, lesquels, lesquelles.

Cette maison QUI *m'a vu naître, qui* est un pronom relatif, parce qu'il exprime une relation avec le substantif *maison.* — *L'arbre* QUE *j'ai*

vu grandir, que est un pronom relatif à *arbre.*
— *La personne* DONT *je parle, dont* est un pronom relatif à *personne.*

76. — Le mot qui précède le pronom relatif se nomme son *antécédent.* C'est toujours une faute en parlant, de ne pas placer l'antécédent *immédiatement* avant le pronom relatif.

Si vous disiez : *j'ai vu une maison à une amie de maman,* QUI *a été brûlée,* on ne peut savoir si c'est votre maman ou son amie ou la maison de son amie, qui a été brûlée. Il faudrait dire : *j'ai vu une maison brûlée,* QUI *appartient à une amie de maman ;* ou bien : *Une amie de maman a eu une maison brûlée,* QUE *j'ai vue.*

77. — Les pronoms indéfinis représentent le nom d'une manière tout à fait vague, c'est-à-dire n'indiquant ni le *genre,* ni le *nombre,* ni la *personne* du substantif dont il tient la place.

Si je dis : ON *frappe,* vous ne savez si c'est un homme, une femme ou un enfant qui frappe ; donc *on* est un pronom indéfini. — NUL *ne le sait ;* par la même raison *nul* est un pronom indéfini.

Tels sont : *On, quelqu'un, chacun, quelconque, personne, rien, tout, nul, aucun, autrui.*

Vous pouvez maintenant faire des analyses où entreront des verbes et des pronoms, puisque vous venez d'étudier ces deux espèces de mots.

Je vais vous donner quelques phrases pour vous servir de modèle.

Mon frère viendra ce soir, il apportera son beau livre. Mon oncle lit un journal. Voyez cette jolie gravure. Le moulin que je vois. Le livre dont je me suis amusé. Ecoutez cette chanson, ma sœur la chante. Sa voix est charmante. Elle est bonne musicienne. Jouons ce jeu ; il est joli. Je le trouve amusant. Ce pauvre homme qui demande l'aumône, me fait une grande peine. Il a l'air souffrant. Donnez-lui ce pain. Je désire avoir ce chien blanc que mon oncle m'a promis. Cécile est malade ; elle paraît souffrir. La belle saison va finir ; l'hiver vient. Jules lit le livre que je lui ai prêté. Le grand miroir est cassé. C'est moi qui ai cassé le miroir. Marie a deux grandes poupées. Une dame anglaise m'a parlé ce matin. Je la verrai ce soir.

VIᵉ PARTIE DU DISCOURS.

L'Adverbe.

Vous avez si bien travaillé, mes chers enfants, depuis que nous étudions ensemble, que je ne puis mieux vous récompenser de la gentille attention que vous m'avez prêtée jusqu'à présent qu'en vous disant que vous avez déjà appris tout ce que la grammaire offre de plus difficile. En effet, vous connaissez déjà tous les mots *variables*, c'est-à-dire : ceux qui changent selon qu'ils sont masculins ou féminins, pluriels ou singuliers. Il ne nous reste donc plus que les mots *invariables*, c'est-à-dire, ceux qui ne changent jamais, et que l'on emploie pour le masculin et pour le féminin, pour le pluriel et pour le singulier sans rien changer à leur terminaison.

78. — L'*adverbe* est un de ces mots, et je vous donnerai un exemple de ce que je viens de vous dire, lorsque je vous aurai expliqué à quoi il sert ; et dans quel cas on doit l'employer.

79. — Lorsque vous dites : *Mon livre est joli ; mais celui de Jules est* PLUS *gros*, vous exprimez que ; non-seulement le livre de Jules est *gros*,

mais encore qu'il l'est *plus* que le vôtre. De
même, si je vous dis : *Vous lisez* ASSEZ BIEN ; *mais
si vous vous donnez un peu de peine vous lirez*
BEAUCOUP MIEUX ; ces mots *assez bien, beaucoup,
mieux*, sont des adverbes qui modifient, le verbe
lire, c'est-à-dire qui indiquent la manière dont
vous lisez déjà et dont vous lirez plus tard. Vous
voyez aussi que l'adverbe est invariable ; car si
vous dites : *Marie est* FORT *jolie*, vous mettrez
jolie qui est un adjectif au féminin parce qu'il se
rapporte à Marie ; mais vous ne changez pas le
mot *fort* qui est un adverbe et vous ne dites pas:
Marie est FORTE *jolie*. De même si vous écrivez :
Ces gens sont FORT *méchants*, vous mettrez une *s*
à *méchant ;* mais non à *fort* qui est un adverbe et
ne varie jamais, comme je viens de vous le dire.

80. — Les adverbes que je vous ai nommés,
marquent la *comparaison ;* il y en a d'autres qui
désignent la *quantité*, comme *aussi, autant ;*
d'autres, le *temps*, comme *hier, aujourd'hui,
demain, souvent ;* d'autres, le *lieu*, comme *ici,
là, où.*

81. — Pour distinguer plus facilement les
adverbes, il faut que vous sachiez qu'ils sont
toujours joints aux verbes, surtout ceux qui sont
formés des adjectifs. Ce sont ces adverbes qui
vont nous occuper.

82. — Vous prenez au hasard, un adjectif

qualificatif, vous y ajoutez *ment*, et vous en faites un adverbe. Essayons ensemble, je vous prie.

adjectifs :	adverbes :
Joli,	*Joliment ;*
Pauvre,	*Pauvrement ;*
Large,	*Largement ;*
Humble,	*Humblement ;*
Riche,	*Richement ;*
Simple,	*Simplement ;*
Honnête,	*Honnêtement ;*
Cruel,	*Cruellement.*

Vous voyez que rien n'est plus aisé, et vous pouvez vous amuser à faire trouver à votre petite sœur des adverbes, en lui disant quelques adjectifs à votre choix. C'est un jeu fort amusant et qui, tout en vous instruisant, a l'avantage de ne pas être bruyant, et peut se jouer près de la grand'maman qui n'en sera pas incommodée.

83. — Il y a quelques adjectifs dont vous ne pourrez pas faire un adverbe, parce que le mot n'existe pas, tels sont : *rompu, froissé, zélé, cuit,* et bien d'autres ; alors ce seront des mots impossibles qui viendront, et quoique la grammaire n'ait jamais été une chose bien drôle, il y a tout à parier que vous rirez de bon cœur des mots bizarres que vous formerez.

Maintenant, voici l'analyse que vous ferez en y joignant les adverbes :

Le roi est déjà parti. Nous irons bientôt voir maman. Ce garçon est cruellement méchant. Mon analyse est soigneusement faite. Cécile est fort aimable ; elle est très-bonne. La reine est richement habillée. J'ai été plus sage aujourd'hui. Vous êtes venu plus tard aujourd'hui. Hélène a trop parlé hier ; elle sera malade certainement. Il a follement agi. Jadis on était plus modeste. Il faut marcher doucement. La salle est richement ornée. Il viendra demain ; alors il sera trop tard.

VIIe PARTIE DU DISCOURS.

La Préposition.

84. — La *préposition* est, comme l'adverbe, un mot invariable ; elle sert à établir des rapports, des relations entre les autres mots. Ainsi entre *livre* et *table*, vous ne voyez aucun rapport. La préposition vous en fait voir immédiatement un. *Le livre est* SUR *la table*, la préposition *sur* marque un rapport entre les deux substantifs *livre* et *table*. De même, si je dis : *mettez vos pieds* sous *la chaise*, vous voyez tout de suite, que *sous* est une préposition, puisque sans elle, il n'y aurait aucun rapport entre *vos pieds* et *la chaise*.

85. — Les mots *sur, sous, près, dans, hors, de, à, en, avec, pour, par, avant, après, entre*, etc. sont des prépositions. Vous pouvez essayer d'établir des rapports entre deux mots pris au hasard, au moyen d'une des prépositions que je viens de vous citer. Par exemple : *je vais* et *Italie*. En plaçant entre ces deux mots *vais* et *Italie*, la préposition *en*, vous aurez : *je vais* EN *Italie*.

86. — Maintenant, il faut que je vous dise une chose, mes bons amis, c'est qu'il faut bien vous garder de confondre la préposition EN avec le pronom EN qui s'écrit et se prononce de même. La préposition *en,* est toujours devant un substantif ; et le pronom *en* se place avant un verbe. Voici un exemple de l'un et de l'autre cas : *Depuis que j'ai été* EN *Italie, j'*EN *parle toujours avec plaisir ;* je n'ai pas besoin de vous dire quelle est la préposition et quel est le pronom. Si vous m'avez lu avec attention, comme je le crois, vous n'éprouverez pas la moindre difficulté, à distinguer ces deux espèces de mots.

87. — J'ai encore une remarque à vous faire ; il ne faut pas non plus confondre la préposition *à* avec la 3ᵉ personne du verbe avoir, il *a.* Quand vous verrez ces deux mots écrits, il vous sera facile d'en faire la différence, car sur la préposition, il y a toujours un accent grave (`) et il n'y a rien sur le verbe ; mais quand vous écrivez une phrase, où l'un de ces mots peut se rencontrer ; vous observez que si vous pouvez changer ce mot *a* en un autre temps du verbe *avoir,* c'est assurément un verbe ; mais que si vous ne pouvez faire ce changement sans nuire au sens de la phrase, c'est une préposition.

Ainsi si vous avez à écrire : *Mon frère a un beau livre,* vous voyez bien que vous pouvez dire mon *frère* AVAIT *un beau livre.* Ici le mot *a* est donc un verbe, et vous devez vous garder d'y mettre un accent. Au contraire, si vous écrivez : *Je parle à ma sœur,* vous voyez tout de suite que vous ne pouvez dire, *je parle* AVAIS *ma sœur ;* alors vous jugez que c'est une préposition et vous vous hâtez d'y mettre un accent grave, pour que l'on ne puisse pas vous accuser d'ignorance ou d'étourderie.

Voici un modèle d'analyse où je ferai entrer la préposition, puisque vous la connaissez maintenant parfaitement.

J'ai un joli livre rempli de belles images. Jules n'est pas plus sage auprès de sa maman. Mettez-vous près du feu. Le fauteuil est contre la table. Le banc est sous mes pieds. Ne jetez rien par la fenêtre. La rivière coule sous une arche. Les bateaux sont sur la rivière. Le petit chien d'Henri court après le chat de Cécile. Mettez-vous derrière la porte. Il demeure près l'église. Il a écrit à sa mère. Portez cette lettre à son adresse. Maman sort sans moi. J'irai bientôt en Italie ou en Angleterre. Cet enfant est méchant envers tout le monde. Il est malade depuis longtemps. Il est maintenant hors de peine. Cette petite fille agit sans réflechir. Allez vers votre mère. Il est sorti pendant l'orage.

VIIIᵉ PARTIE DU DISCOURS.

La Conjonction.

88. — La *Conjonction* est un mot invariable qui sert à unir les mots entre eux, ou les phrases entre elles ; ce sont : *et, ou, ni, mais, lorsque, pourquoi, puis, puisque, quand, que, quoique, si, car,* etc ; comme dans *le travail* ET *la persévérance, la lecture* ET *l'écriture, l'un* ou *l'autre,* NI *l'un* NI *l'autre.*

89. — Il faut bien vous garder, mes chers amis, lorsque vous parlez, de faire un usage trop fréquent des conjonctions : ce ne serait pas joli, et vous vous feriez moquer de vous, si vous disiez : *j'ai été me promener avec papa* ET *maman* ET *ma sœur* ET *ma cousine* ET *ma bonne.* Il y a quelques enfants très-jeunes qui parlent ainsi. Vous qui êtes déjà plus instruits, vous devez dire : *j'ai été me promener avec papa, maman, ma sœur, ma cousine* ET *ma bonne.* Vous voyez que vous ne devez mettre la conjonction *et,* qu'avant le dernier substantif.

90. — Si vous étiez des enfants étourdis, vous pourriez facilement confondre *que* con-

jonction avec *que* pronom relatif, que vous connaissez déjà. Vous savez que le *que* relatif signifie toujours *lequel, laquelle* ou *lesquels*, et que la conjonction *que* ne doit servir qu'à lier vos phrases. Ainsi vous distinguez bien que, dans cette phrase : *La broderie* QUE *j'ai commencée,* c'est comme si vous disiez : LAQUELLE *j'ai commencée,* au lieu que si vous dites : *Anna n'est pas plus sage* QUE *Léon,* vous ne pouvez pas dire *lequel Léon.*

Voici l'analyse d'aujourd'hui, elle est déjà bien compliquée, car presque toutes les espèces de mots s'y trouvent.

Ni l'or ni la grandeur ne nous rendent heureux. Maman a promis à mon frère que nous irions au jardin ou à la promenade, si elle est contente de nous. Une porte est ouverte ou fermée. Papa et ma sœur sont revenus d'Angleterre. Emma n'aime pas l'étude ; mais elle étudie, parce que cela fait plaisir à sa maman. Ma robe est moins belle que la tienne ; mais elle est plus fraîche. Ne mettez pas ce verre à cette place ; car ce n'est pas la sienne. Je respecte cette dame comme ma mère, quoique elle ne la soit pas.

IXᵉ PARTIE DU DISCOURS.

L'Interjection.

91. — Nous voici arrivés, mes chers amis, à la dernière partie du discours, qui en est aussi la plus simple et la plus facile à apprendre. A part quelques règles qu'il me reste à vous expliquer, vous avez appris, sans une excessive peine de votre part ni de la mienne ; cette *science indispensable* que l'on appelle *la grammaire*. J'espère que cette fois vous ferez mentir le proverbe qui dit que : *ce que l'on a appris facilement s'oublie de même ;* je me fonde, dans mon espoir, sur ce qu'ayant parfaitement compris ce que je vous ai expliqué, vous le savez maintenant aussi bien que moi, et que vous n'avez pas plus que je ne l'aurais moi-même le désir de mettre en oubli des choses aussi essentielles à connaître à tout âge, et dans toute position.

92. — *L'interjection* sert à exprimer soit la *crainte*, soit le *désir*, etc., par un seul mot. Ainsi, lorsque vous voulez prier votre maman de vous accorder une permission, vous dites : oh ! *maman, je t'en prie.* Ce petit mot *oh !* donne plus de

force à votre prière, c'est une interjection ; si votre petit frère s'approche d'une bougie et qu'il se brûle, il crie : *ah! ah!* et ce cri est encore une interjection.

Voici les interjections : *ah! oh! eh! ha! ho! hi! ô! hélas! hola! chut! fi! aie! hein!*, etc.

MODÈLE D'ANALYSE :

Oh! trop aveugle Calypso, tu t'es perdue toi-même.

O! sage et vertueux Mentor, ne m'abandonnez pas.

O! mon Dieu, écoutez ma prière.

Eh! qui vous dit que je vous trahirai?

O! mon fils, ô! toi en qui j'ai mis toute mon espérance.

Eh! messieurs, tour à tour expliquons notre droit.

O! sage Idoménée. O! malheureux prince.

EXERCICES

DE LA

Ire PARTIE DE LA GRAMMAIRE.

EXERCICE SUR LE SUBSTANTIF.

(Les élèves doivent corriger les fautes contenues dans cet exercice.)

Mon livres, ma plume, mes fleur, une table, un rois, les reines, une princesses, trois fille, une routes, les chemins, ma tantes, mon frère, une balles, ta leçon, deux amis, une lettre, un bouquets, le chiens, les chat, un verres, le pain, ma robes, le cri, la chutes, une tasse, un bol, les assiette, mon peignes, une pages, les banc, la suites, une dames, mon mouchoirs, mes peigne, mes livre, mes cahiers, un souvenirs, une pensée, une roses, les fée, la chèvres, le lapin, le jardins, une rusés, ma sœurs, mes cousines, les salle, une poires, une pomme, un fruit, une glaces, ta soupes, un corbeille, une tableau, le pianos, les vitrails, les bijous, les chous, les coux, les neveus, les cheveux, les rataus, les gâteaus, les portaux, les carnavaux, les animals, les régaux, les cristals, les corails, les caillous, les verrous, les cloux, les soux, les évantaux, les journals, les tribunals, les bocals, les générals, les pieu, les bails, les total, les oiseau, les poteau, les fils, les cadeau, les nez, les hibou, les bal, les épouvantail, un bas, un mépris, un tas, les amirals, une faux, de la chaux, les jeus, les feux, les hibous, les soupirails, un époux, une voix, un accés, les vœus, les genous, les joujous, un procés, les foux, un débris, un choix, un lis, du riz, un permis, un héros, un crucifix, un prix, les filoux, une vis, les sapajoux, une paix, de la poix, un avis, le gaz, un succés, un colis, un devis, un replis, une croix, les essieu, les désaveu, un rubis, une brebis.

EXERCICE SUR L'ADJECTIF.

(Les élèves doivent corriger les fautes contenues dans cet exercice.)

Des enfants sage, les joli jardin, les belles fleurs, une grandes poupée, les bonne leçons, le bons négre, les joli petite filles bien sage, les arbres couvert de fruit, les leçons bien longue. Ma bonne est méchantes, mes frères sont fâché. Une belles poire, une grandes chambre, une grosses pomme, des petite mains, les mauvais femmes.

Ces pêches sont mauvais. La crême est doux. L'eau est salé. Une chambre bien clair. La saison est avancé. La soupe est chaud. Henri et Charles sont aimable. Le travail et la modestie sont estimé. La terre est rond. Mon père est ma mère sont bon. Une bonnes et charmantes sœur. Mes cousins sont aimable et complaisant. La petite chatte est joli. Marie est aimable et gracieuses. L'arbre est cassée, la branche est tombé, le jardinier est blessés. Une femme ambitieux est cruel. Des hommes brutals, des contes morals, une petite fille faux. Nul femme n'est parfaite. Une rose vermeil, une fleur pareil, une promenade habituel, une porte extérieure, un mur épais, un mauvais sentiment, des livres nouveau, des mauvais enfants, des voiles épais, un conte nouveaux, la reine est généreux, les vents impétueu, des jardins délicieux, une vie intérieur, une robe pareil, une cour public, une femme caduc, des bains public, des promenades public, des instants fatal, des refrains final, des vents glacial, l'histoire grec, des traits horizontals, des décrets impériales, des cœurs loyals, des sons musicals, des discours grammaticals, des contes morals, un enfant pieu, un instrument creu, des fruits mauvais, une somme complette, une femme inquiette, une faute secrette, des hommes instruit et sage, un homme fort et modeste, des cris infernals, des moments fatals, une lettre initial, des hommes furieux, un homme ambitieux, une femme grec, des repas frugal, des cheveux gris, une ville assiégé, un mouchoir gris, des sentiments filial, des contrées glacial, des vents glacial, des fours banal, une liqueur amer, une rente annuel, des pluies continuel, une prairie communal, les peines éternel, les autorités supérieur, une communion pascal, les vertus théologal, une démarche magistral, l'Océan fougueu, une route public, des voix aigu, la vie éternel, des fleurs bisannuel, une peine cruel, les crimes puni, une piéce faux, une lettre confidentièle, des fruits nouveau, une rose vermeil, une écriture très-serré, une mise soigné, des gants parfumé, des contes amusant, une histoire intéressant, un ouvrage morale, une branche cassé, une fleur fané, une robe passé, une corbeille fermé, des chemins frayé, une cruel leçon, une ferme abandonné, des fruits confit, des gateau bien cuit, des poires bien mûr, des oranges gâté, une femme maniéré.

EXERCICE SUR L'ARTICLE.

(Les élèves devront mettre devant chaque substantif l'article qui lui convient.)

Robe, chambres, bonnet, anges, dessin, calomnie, génie, maison, frère, sœur, bouquets, fleurs, crime, faute, sucre, rente, note, vaisseau, radis, jambe, plantes, jardin, enfants, prière, églises, cheval, voiture, lits, tasses, soldat, peine, habits, plume, moutons, arrosoirs, chute, colère, vente, repos, haine, guerres, science, travail, jeux, hommes, village, joujou, vins, chanson, terre, pains, roi, rois, tante, tantes, raison, raisons, femme, femmes, table, tables, route, routes, poison, poisons, mouche, mouches, armoires, flûtes, prêtre, feux, parole, serment, orient, enseigne, amour, humeur, hardiesse, haute, espoir, promesses, vanterie, feu, eau, eaux, vivier, erreur, ouïe, estime, raisons, flammes, mine, troupe, histoire, fumée, genre, pommes, boule, raisins, colline, salive, doigts, doigt, ange, sagesse, épreuve, épreuves, rose, herbe, amitié, plainte, paravent, herbages, arbre, cruche, conte, foule, fruits, artiste, occupation, journal, coq, poule, huile, camp, fromage, oiseau, aigle, œil, prix, école, cave, idée, horreur, cri, prati-

que, nœuds, cousin, four, boite, pelote, chiffon, poupée, collége, souris, tube.

EXERCICE SUR LE VERBE.

(L'élève doit indiquer le temps, le mode, la personne et la conjugaison des verbes qui compose cet exercice.)

Je voyais. Tu chanteras. Elle pleurait. Nous irions. Vous chasseriez. Il a fini. Elle commence. Je désire. Nous irons. On a sonné. Louise et Jules se promènent. Il faut que je parle. J'eus parlé. Je parlerai. J'aurai lu. Il faudrait que je partisse. Il veut venir. Elle dira. Je jugeais. Il frappa. Elle gémissait. Elle aura donné. Ils ont promis qu'ils viendraient. On ne ment pas à sa mère. Les arbres sont dépouillés de leurs feuilles. On gémit d'être séparé de ses parents. Que faut-il pour être heureux? Ma mère est si bonne, qu'elle me pardonnera. Le petit serin s'est envolé. Jules a cassé sa montre. Papa a renvoyé un domestique qui le volait. Ce chemin conduit à la ville. La Seine et la Loire coulent en France.

Que nous aimassions. Qu'elles vivent. A vaincre sans péril, on triomphe sans gloire. Il fut. Elle alla. Nous viendrons. Tu iras. Elle dit. Nous échapperions. Que tu connusses. Il apprit. Elle dut.

EXERCICE SUR LE SUJET DES VERBES.

(L'élève devra copier ces phrases sur un cahier et mettre les sujets des verbes en caractères plus gros que le reste du devoir.)

Louis a fini. Cécile chante. Je devine. Elle a pleuré. Nous irons. Mon frère parle. Le roi et la reine y seront. On a dit. Jules a faim. Nous contemplons. Je recommence. Tu dédaignes. Anna souffre. Elle gémit. Ton père est malade. J'ai grand'faim. Ma tête est bien malade. Henri a menti. Ma sœur est plus grande que moi. Hélène sort. La dictée est finie. Paul est méchant. Maman viendra. Le pain et le sel sont sur la table, Julie écrit, elle fait une analyse. Pierre et Jean se plaignent. J'ai lu. Tu as souffert. Je me plais. Tu écoutes. Le jardin est grand. Le petit chat dort. Nous négligeons. Tu pardonnes. Elle méconnaît. La poupée est cassée. La rose est épanouie. Marie sortira. Nous écrirons. Je suis parti. Elle dira. Une dame est venue. Henri est sorti. Ma mère a écrit. Emma est jolie ; elle est sage ; elle est douce ; elle est instruite. Je dirai. On appelle. Laure est économe.

(Il y a dans cet exercice cinquante-cinq sujets. L'élève doit les trouver, si son devoir est bien fait.)

EXERCICE SUR LES RÉGIMES DES VERBES.

(Même travail que pour les sujets des verbes).

Emile a cassé une glace. On a grondé Emile. Je vois un papillon. Tu portes un bouquet. Elle écrit une lettre. On chante une chanson. Jean a battu son chien. Tu demandes ton déjeuner. Henri a reçu ses étrennes. Il a reçu un beau livre, un pupitre, une flûte et une boîte de couleurs. J'apprends l'allemand. Je sais l'anglais. Jules bat son frère. Paulin mange des fraises. Je veux un perroquet. Ma tante a une belle poule. Tu as cassé ton canif. J'ai acheté du raisin. Il mange des poires, des noix et des pommes. Vois-tu ce vaisseau? Maman a grondé ma bonne. Cécile a mis sa robe verte. J'ai pris mes gants. On a lu une belle histoire. J'ai perdu ma bourse. Ton fil coupe l'étoffe. Il a fait un grand trou. J'ai cacheté ma lettre. Pauline fait un bouquet. Il ferme la porte. Il a reçu une nouvelle. On écrit une lettre. Il a perdu sa balle. Le roi a donné une audience. Maman a reçu une lettre. Jules sait l'histoire Romaine; son frère étudie la grammaire. J'ai vu un beau tableau. Il a reçu six prix. On porte ma petite sœur. On m'a fait une confidence. Il a manqué mourir. Elle a voulu parler. Le rat a

fait un trou. *Le maître punira Jules. Ta sœur
va tomber. Marie veut écrire. Elle sait sa leçon.
Elle a brodé un col. J'ai lu une histoire. On
écoute son professeur, et on devient savant. La
cuisinière a fait un grand gâteau. On a volé des
prunes et des cerises. Le coupable aura une
punition.*

(Il y a dans cet exercice soixante et un régimes. L'élève doit
trouver le même nombre, si son devoir est bien fait.)

EXERCICE SUR LE PARTICIPE PASSÉ.

(A corriger par l'élève).

*La somme que j'ai reçu a été bientôt dépensé.
La lettre que vous avez écrit a été lu avec plaisir.
Nous avons reçues des nouvelles de notre tante.
On nous a parlée d'une dame. Ma sœur a été
flatté de vous voir. Il faut que je vous dise l'idée
que nous avons conçu. Ma sœur s'est trouvé
indisposé hier. Avez-vous vue la petite chatte
qu'on m'a donné? Les petits oiseaux ont battus des
ailes. Louise a reçue une jolie boîte. Où est la
leçon que vous avez repassé? Les hommes sont
venu. Ma leçon est su. Louise a déchirée sa robe.*

*La rose que j'ai cueilli est belle. La branche
qui a été cassé. Les amis que j'ai vu. Nous
avons brûlée de la toile. Les chats qui ont joués.*

Les fleurs qui sont tombé. La robe qui est déchiré. Il a cassée sa montre. Elle a perdue sa bourse. Tu as brisée ta chaîne. Elle est sorti ce matin. J'ai mangées des pêches. Jules a coupé ses cheveux. Il a les cheveux coupé. Marie a reçu une lettre. Tu nous as lus un conte. L'histoire que j'ai raconté. Emilie a mangées des fraises ; elle a trouvées les fraises bonnes. Tu nous as mal reçu. La robe que tu as cousu. La broderie que tu as commencé. Tu as fini ta broderie. Cette dame est venu. Ton frère est sortie. Tes amis sont venu. On a raccommodée la pendule. J'ai écoutée une histoire. On a vus des poules. On a entendue la musique. On a priée une dame de chanter. La dame a chantée.

Le grand ressort de ta montre est cassée. C'est Eugène qui a brisée ta montre. Où est la lettre que j'ai commencé? Pourquoi avez-vous brûlée cette lettre? Votre mise est trop négligé. Vous avez négligés vos devoirs. Le maître a grondés ses élèves, parce qu'ils avaient négligés leurs devoirs. Mes gants sont caché. Où avez-vous caché mes gants? Ma robe est taché ; elle est déchiré ; elle est usé ; elle est sali. Pourquoi n'avez-vous pas rangés vos livres? Où est le cahier que je vous ai confiés? Cette broderie a été bientôt fini. Ta robe est à peine commencé. Ton livre est tout déchiré. Le chien a rongés tes livres, et déchirés tes cahiers ; s'ils avaient été rangé, cela ne te serait pas arrivés. La petite chienne de ma sœur était perdu, un petit garçon l'a ramené à la maison ; elle a tout de suite reconnue sa maîtresse, et l'a accablé de caresses.

EXERCICE SUR LE PRONOM.

(Les élèves doivent corriger les fautes que renferme cet exercice.)

Dieu a fait le ciel est la terre ; Dieu n'a pas eu besoin de matériaux pour cela ; Dieu n'a eu besoin que de dire que Dieu le voulait, et Dieu a été obéi.

Je t'ai prêté mon livre, lorsque ton livre était déchiré. Maintenant que mon livre est usé, prête-moi ton livre.

Ma sœur a pleuré, parce que ma sœur a désobéi à maman ; ma sœur a prié maman de lui pardonner, et comme ma sœur a eu son pardon, je suis sûr que ma sœur ne recommencera plus.

Ma plume est meilleure que ta plume.

Mon frère est sorti avec ton frère.

Mon petit chien est plus méchant que ton petit chien.

La robe de la dame qui est verte. Le chapeau de ma sœur qui est noir. La porte de la maison qui est ouverte. Ma dictée a été finie avant ta dictée.

EXERCICE SUR LES PRONOMS.

(L'élève doit distinguer, dans l'exercice suivant, les pronoms le, la, les, *d'avec les articles simples* le, la, les.*)*

Le fils de cette dame est dans le jardin ; je le vois qui s'approche de la maison.

Ne mettez pas les ciseaux dans votre boîte ; laissez-les sur la table, afin que je puisse les trouver.

Le moment est venu de faire la dictée, laissez votre poupée ; mettez-la dans la corbeille qui est sur la table.

Ne cherchez pas plus longtemps vos joujoux, je les ai donnés à un enfant plus soigneux que vous, et qui ne les laissera pas traîner.

Pourquoi prendre le fusil de votre papa, puisqu'il vous le défend ?

Je le vois ; vous avez menti ; vous avez le front tout rouge.

EXERCICE SUR L'ADVERBE.

(L'élève doit souligner les adverbes de cet exercice.)

J'aime extrêmement ma sœur, car elle est très-bonne. Cette enfant est très-jolie. Parlez toujours poliment. Je vous ai positivement défendu de faire cela. Je l'ai regardé très-attentivement. Il m'a parlé brusquement. Ne vous tenez pas négligemment. Il m'a éveillé doucement. Il viendra demain probablement. Elle parle anglais supérieurement. Cette broderie est joliment faite. Vous êtes trop près du feu. Ne jugez pas trop précipitamment. Il ne s'en inquiète nullement. Venez ici, mettez-vous là. Allez-y. Il a peu de talent, mais beaucoup de vanité. Vous avez agi sottement. Combien cela coûtera-t-il? J'en veux davantage. Il est mieux placé que moi. J'ai autant d'amis que vous. Il est venu hier.

Il a sagement agi en vous donnant peu de louanges, car vous avez trop promptement renoncé aux bonnes résolutions que vous aviez formellement prises. Tôt ou tard le méchant est puni. Vous avez assez travaillé, jouez maintenant. Il était autrefois un roi très-puissant. Écoutez toujours la voix de la sagesse. Jadis les enfants étaient plus obéissants qu'ils ne le sont aujourd'hui. Vous avez certainement plus de livres que moi. Votre frère est aussi tranquille que vous êtes turbulent. Il n'est pas si volontaire que vous. Votre analyse d'aujourd'hui n'est pas aussi bien faite que celle d'hier. Espérons que vous la ferez plus convenablement demain. Il a tellement plu, que les chemins sont entièrement inondés. *Vous prenez tant de peine pour apprendre, que je veux me mettre aussi à l'étude avec autant d'application. Le travail donne assurément des plaisirs plus vifs que le jeu.*

Il travaille plus que vous, parce qu'il est beaucoup moins fort que vous. Il réussira certainement dans son entreprise. Vous n'avez aucunement fait ce qui avait été prescrit. Il est plus âgé et moins sage que son frère. Je vous défends dorénavant de parler aussi brusquement à votre bonne. Un pauvre vint alors lui tendre humblement la main. Vous avez tant dépensé inutilement et même follement. Croyez qu'il se repentira bientôt. Sa tête est aussi légère que son cœur est bon. Il travaille assidûment, il réussira assurément. Il a certes travaillé autant que vous.

(Il y a dans cet exercice quatre-vingt-trois adverbes. L'élève doit les trouver, si son devoir est bien fait.)

EXERCICE SUR LA PRÉPOSITION.

(L'élève doit souligner les prépositions).

Ne parlez mal de personne. Ecrivez à votre sœur. Mettez cette chaise près de la table. Ta lettre est sur la cheminée. Cette tasse est en porcelaine. Mon frère est derrière vous. Il va en Espagne. Ne marchez pas sur ce papier. Le bou-

quet est dans l'eau. Il parle de vous. Il travaille pour son père. Ma mère a été en Allemagne, par la Belgique et par la Prusse. Ne parlez pas sans avoir réfléchi à ce que vous voulez dire. Allez vers la fenêtre. Regardez dans la rue. Il est chez son père. Il travaille avec zèle. Vous avez dormi pendant la leçon. Il est sorti dès le matin. Il a agi selon mes ordres. Devoir des enfants envers leurs parents. Je vous ai écrit touchant cette affaire. Agissez selon votre cœur ou suivant votre inspiration. Il viendra après le thé. Il est sorti pendant l'orage. Il est sorti sans permission. Il a été blessé de votre refus. Les troupes sont hors la ville. Il a agi malgré mes ordres. Il a plu pendant la nuit. Cet arbre est près du mur, contre la petite maison, Il a parlé contre vous, et nonobstant mes ordres. Le papillon vole sur les fleurs. Il a parlé pour moi. Mettez ce banc près de la table. Il se promène dans le jardin. Vous avez agi en étourdi; vous êtes sorti avant moi. Je suis ici depuis deux jours. Tout est perdu, hormis l'honneur. Mettez le chat hors la chambre; il ira dans la cave ou dans le jardin.

(Il y a dans cet exercice cinquante prépositions que l'élève doit trouver.)

EXERCICE SUR *à* PRÉPOSITION ET *a* VERBE.

(L'élève devra mettre un accent grave sur les prépositions *à*, et laisser les verbes tels qu'ils sont.)

Ma sœur a mal a la jambe, elle a voulu marcher pour aller a sa pension, cela a redoublé sa douleur.

Il a négligé d'écrire a sa maman pour le jour de sa fête ; il en a regret maintenant.

La leçon a été courte ; mais on l'a écoutée avec beaucoup d'attention.

Il a plu a votre maman de partir ; qu'avez-vous a objecter a cela ?

On a défendu a Jules et a Paul de sortir, parce que Jules a été paresseux et que Paul a mal répondu a son professeur.

Ce devoir a été si mal fait, qu'il m'a été impossible de le corriger ; dites a l'élève qu'il est a recommencer.

Le livre a Louise a été déchiré. On a fait cette mauvaise action a dessein.

Cet enfant est si étourdi, qu'il n'a jamais pu distinguer a préposition de a verbe, malgré tout ce qu'on lui a dit a ce sujet.

Qu'avez-vous répondu a votre sœur, lorsqu'elle vous a demandé a qui vous aviez donné le livre qu'elle vous a prêté ?

On lui a défendu de parler a Charles; il n'a tenu aucun compte de cette défense.

Maman a écrit a ma sœur qui est a sa pension; elle a été a peine deux jours a recevoir une réponse a sa lettre.

On a invité ma sœur à une soirée où elle a pris un grand plaisir, a ce qu'elle a dit.

(Il y a dans cet exercice, vingt-six verbes *a*; et vingt-quatre prépositions *à*. L'élève doit trouver ce compte, si son devoir est bien fait.)

EXERCICE SUR LA CONJONCTION.

(L'élève doit souligner les conjonctions.)

Mon père et ma sœur sont sortis. Je veux être sage comme mon ami. Voulez-vous sortir ou rester? travaillez avec courage et persévérance; car la distribution des prix approche; mais que ce ne soit pas votre seul motif d'émulation, car le plaisir que votre maman aura de vos succès et que vous verrez dans ses yeux sera une plus douce récompense; puisque c'est pour lui être agréable que vous étudiez la grammaire.

Cet enfant ne sait ni jouer, ni travailler. Comment voulez-vous donc que ses journées soient agréables?

Pourquoi avez-vous enfermé ce chien avec le

chat, puisque vous savez que ces deux bêtes sont toujours en querelle? Quand je sortirai, vous viendrez avec moi, puisque vous le désirez. Ma leçon est plus longue que la tienne ; mais elle est plus facile à retenir.

Il parle l'anglais comme le français, car il a été longtemps à Londres. Fermez les portes et les fenêtres, car l'orage va éclater. Maman et ma sœur travaillent. Voulez-vous lire ou jouer? Que désirez-vous que je vous apporte? Lisez lentement, mais sans affectation.

(Il y a dans cet exercice trente conjonctions que l'élève doit trouver.)

EXERCICE SUR L'INTERJECTION.

(Même travail que précédemment.)

Hélas ! que de peines pour les méchants.

Oh ! qu'il est bien préférable de faire son devoir.

Ah ! que maman sera contente de moi.

Après l'Agésilas, hélas !

Mais après l'Attila, holà !

O mon Dieu ! que je vous remercie de tous vos bienfaits.

Eh bien ! que vous ai-je dit?

Ne dites pas hein ! à tout propos.

Fi ! le vilain menteur.

Oh ! ne me parlez plus.

Aïe ! je ne veux plus toucher au feu.

Ouais ! me serais-je trompé ?

Chut ! votre sœur va chanter.

Holà ! messieurs, jouez moins bruyamment.

Ho ! l'ami, que portez-vous là ?

Eh ! messieurs, tour à tour exposons notre droit.

Chut ! laissons-le s'expliquer.

(Il y a dans cet exercice dix-sept interjections que l'élève doit trouver.)

FIN.

TABLE.

FIN DE LA TABLE.

Tournai. Typ. de H. Casterman.

BIBLIOTHEQUE NATIONALE DE FRANCE
3 7502 01660860 8